mon BREVET facile

Pour s'entraîner par étapes

3e

Épreuves de Mathématiques Physique-Chimie-SVT-Techno

Mathématiques

Frédéric Puigrédo

Physique-Chimie

Georges Lemoine

SVT

Laurent Lafond

Technologie

Nicolas Feuillatre

Nathan

MODE D'EMPLOI

Douze sujets complets corrigés de Mathématiques, Physique-Chimie, SVT et Technologie, pour s'entraîner dans les mêmes conditions qu'à l'examen.

ÉNONCÉS

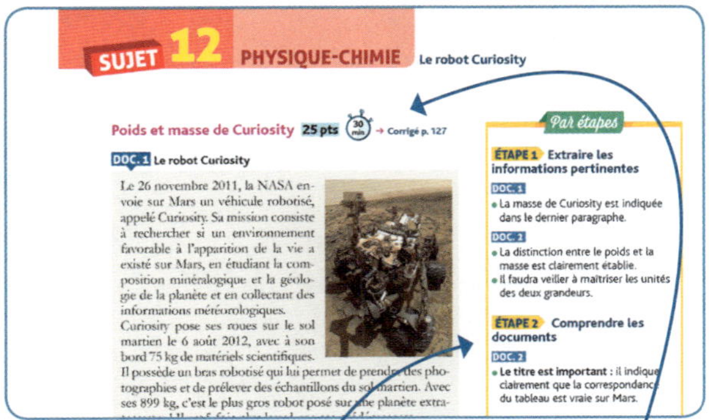

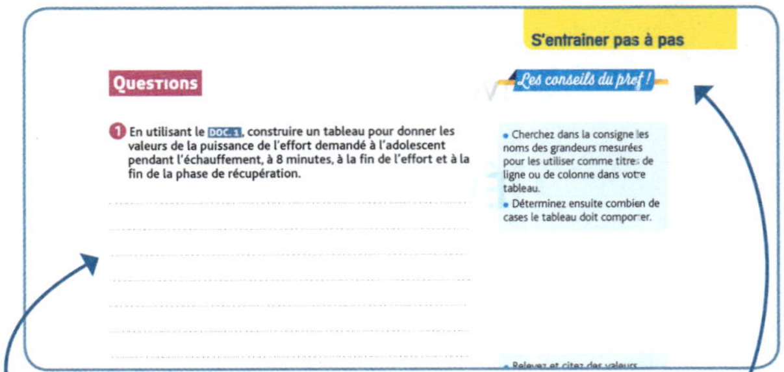

Pour les sujets de **sciences**, une rubrique pour vous aider à **comprendre l'énoncé** et à **analyser les documents**.

- le nombre de points
- la durée de l'épreuve
- les renvois aux corrigés sont clairement indiqués pour chaque sujet.

Écrivez vos réponses **directement sur le cahier**.

Les conseils du prof vous donnent des **indices**.

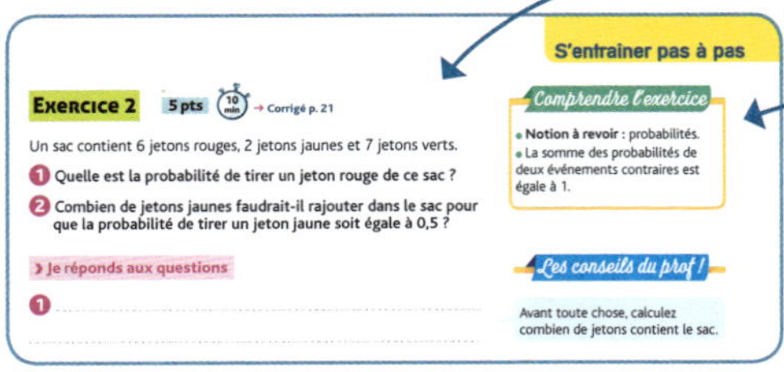

En **maths**, pour chaque exercice, le **nombre de points** et la **durée indicative** sont précisés.

Une rubrique pour mieux **comprendre l'exercice** et **connaître les notions à revoir** pour le réaliser.

CORRIGÉS

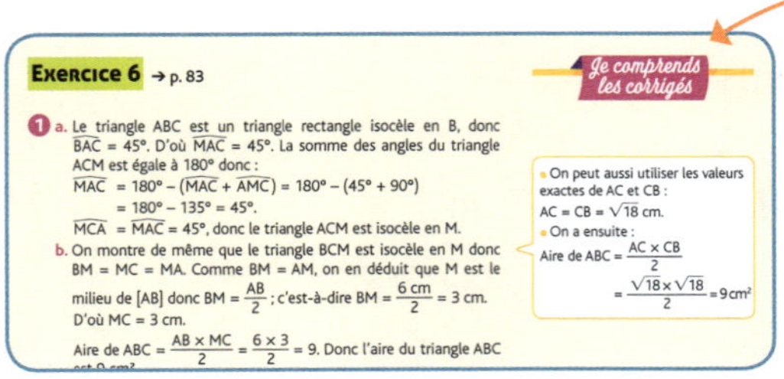

Une rubrique pour bien **comprendre les corrigés et marquer des points**.

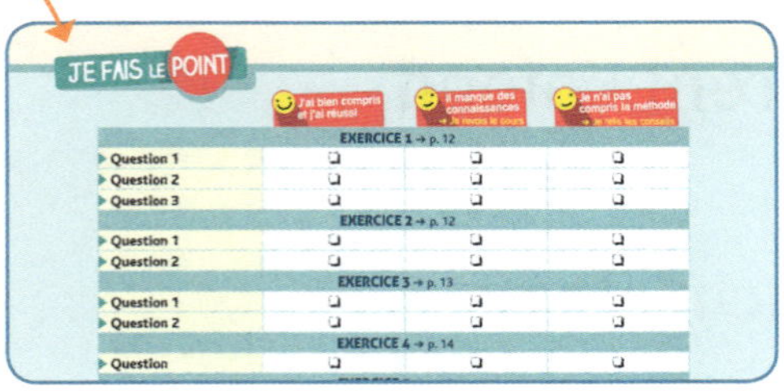

À la fin de chaque sujet, un tableau pour **s'auto-évaluer** et suivre **sa progression**.

FICHES DE SYNTHÈSE

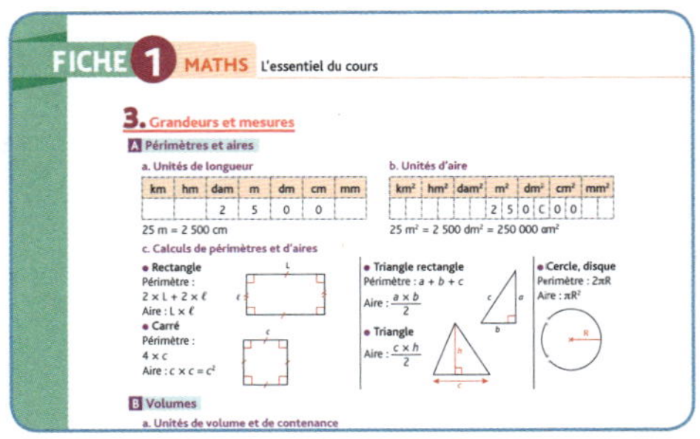

En fin d'ouvrage, des fiches de synthèse avec de la **méthode** et du **cours**.

ISBN : 978 209 152020 9

SOMMAIRE GÉNÉRAL

MATHÉMATIQUES

PHYSIQUE-CHIMIE-SVT-TECHNOLOGIE

fiches de synthèse

1. Comment obtenir le Brevet

Le nouveau barème pour obtenir le DNB

- Le Brevet permet d'évaluer les compétences acquises par l'élève à l'issue du collège et du cycle 4.
- L'arrêté du **27 novembre 2017** a modifié les modalités d'attribution du Brevet.
- **Le DNB s'obtient par les notes** :
  – du **contrôle continu** qui représente **400 points** :
    - l'évaluation des huit composantes du socle commun de compétences, de connaissances et de culture entre désormais dans le calcul des points pour l'obtention du brevet.
    - la maîtrise de chacune des huit composantes du socle commun est évaluée lors du dernier conseil de classe de 3e.
  – de **l'examen final** qui représente **400 points** :
    - 4 épreuves écrites : **300 points**.
    - 1 épreuve orale : **100 points**.
- Pour être déclaré admis au diplôme national du Brevet, il faut cumuler un total de **400 points** sur un total de **800** (soit 10 sur 20).
- **Des mentions** sont attribuées selon le barème suivant :
  – mention **assez bien** pour un total de points au moins égal à **480 sur 800**.
  – mention **bien** pour un total de points au moins égal à **560 sur 800**.
  – mention **très bien** pour un total au moins égal à **640 sur 800**.

Les épreuves écrites

Mathématiques	Français	Physique-Chimie SVT Technologie	Histoire Géographie EMC
100 pts	100 pts	50 pts	50 pts
2 h	3 h	1 h	2 h

L'épreuve orale

- D'une durée de **15 minutes**, l'épreuve orale évalue votre capacité à exposer un projet et est notée sur 100 points.
- Vous devez présenter un projet, de votre choix, que vous avez étudié en histoire des arts, lors des **EPI** (Enseignements pratiques interdisciplinaires), ou d'un **parcours éducatif** (Avenir, Citoyen, Éducation culturelle et artistique).
- **L'oral se déroule en deux temps :**
  – présentation du projet (5 min) ;
  – questions du jury (10 min).
- Vous pouvez présenter le projet seul ou en groupe de 2 ou 3.

Qu'est-ce qui change pour la session de juin 2018 ?

- **La suppression des épreuves qui regroupaient plusieurs matières** : Épreuve 1 (Maths, Physique-Chimie, SVT, Techno) et Épreuve 2 (Français, Histoire, Géographie, EMC).
- En juin 2018, les élèves auront à passer 4 **épreuves écrites distinctes**.
- Un **système de notation** revu.
- **L'histoire des arts** à l'épreuve orale.

2. L'épreuve de Mathématiques expliquée

Comment s'organise l'épreuve ?

- **La durée de l'épreuve** n'est pas segmentée, c'est à vous de vous organiser en essayant de répartir votre temps en fonction des exercices du sujet.
- **Le sujet est constitué de plusieurs exercices** (de 6 à 10) indépendants qui peuvent être traités dans le désordre. En face de chaque exercice est indiqué le nombre de points.
- Les exercices peuvent prendre différentes formes : **exercices à prise d'initiative, questionnaire à choix multiples**. Ils peuvent s'appuyer sur des situations issues de la vie courante ou d'autres disciplines. Un exercice au moins porte sur l'algorithmique.

Comment s'organiser le jour de l'épreuve ?

- **Commencez par une lecture rapide de l'intégralité du sujet** : cela vous permettra de voir quelles notions sont abordées dans les différents exercices et d'organiser votre temps.
- **En fonction du nombre de points de chaque exercice,** vous pourrez aussi évaluer le temps à consacrer à chaque exercice.
- **Choisissez l'ordre** dans lequel vous souhaitez faire les différents exercices : ceux-ci sont indépendants et peuvent être traités dans l'**ordre de votre choix**.
- **Vérifiez que votre matériel est à portée de main** : règle, équerre, compas et calculatrice.
- Si le sujet comporte un exercice de trigonométrie, assurez-vous que votre **calculatrice est en mode degrés**.

Astuce
Au cours de votre lecture rapide, vous pouvez également numéroter les exercices dans l'ordre dans lequel vous souhaitez les traiter.

Top chrono !

Pour vous organiser efficacement, prévoyez environ :
- **5 minutes** pour lire attentivement le sujet. Cela vous permet de cibler les exercices avec lesquels vous êtes le plus à l'aise et de commencer par ceux-là
- **10 à 25 minutes** par exercice, selon sa longueur. Surveillez attentivement le temps qu'il vous reste. Ne vous éternisez pas sur une question.
- **10 minutes** pour vous relire en fin d'épreuve : mettez en évidence les résultats, effacez les ratures, vérifiez l'orthographe…

Quel matériel pour cette épreuve ?

- **Le kit du bon géomètre** : compas, règle, équerre et rapporteur.
- **Votre calculatrice** (avec les piles chargées) : indispensable et irremplaçable !
- **Attention** : « L'utilisation des téléphones portables et, plus largement, de tout appareil permettant des échanges ou la consultation d'informations, est interdite » et ce, dans tous les examens. Aussi vous n'avez pas le droit d'utiliser votre téléphone pour effectuer des calculs ou pour consulter l'heure. Vous devrez veiller à le ranger éteint dans votre sac, lui-même déposé à l'entrée ou au fond de la salle.

Comment aborder le sujet de mathématiques ?

De la méthode avant toute chose…

- **Lisez très attentivement** l'énoncé de chaque exercice.
- **Utilisez le brouillon** qui vous sera fourni : vous pouvez y tracer des figures à main levée, faire les calculs dont vous aurez besoin, etc.
- Sauf si l'énoncé le précise, les réponses doivent être **justifiées** soit en faisant appel à vos connaissances, soit à l'aide des données de l'énoncé ou d'un résultat établi précédemment.
- **Si le sujet comporte un QCM**, ne répondez pas au hasard. Utilisez votre brouillon pour faire vos calculs et tester chaque solution proposée. Ainsi, vous pourrez trouver la bonne réponse par élimination.

Le conseil du prof !
Commencez par les exercices que vous préférez, vous prendrez confiance en vous au début de l'épreuve et gagnerez tout de suite des points !

De la rigueur

- **Utilisez les théorèmes et les propriétés** à bon escient. **Par exemple**, le théorème de Pythagore et les formules de trigonométrie ne s'appliquent que dans un triangle rectangle.
- Certains exercices exigent une **prise d'initiative**. Même si vous ne trouvez pas la réponse, laissez sur votre copie toutes les traces de votre raisonnement : elles seront prises en compte par le correcteur.
- **Essayez de traiter les questions les unes après les autres dans un même exercice**. Si toutefois vous séchez sur une question, passez à la suite en considérant le résultat comme démontré.
- **Dans tous les cas, ne paniquez pas !** Si vous êtes bloqué sur un exercice, passez au suivant.

Astuce
Parfois, le résultat d'une question peut apparaître plus loin dans l'exercice .

Comment mettre toutes les chances de votre côté ?

De la cohérence

- **Vérifiez la vraisemblance de vos résultats. Par exemple**, la distance entre deux villes ne peut pas être de 10 cm ; le prix d'un gâteau ne peut pas être de 40 000 €, etc.
- Si des **tracés** vous sont demandés, ils doivent être **nets et précis** : utilisez toujours **votre crayon à papier**.
- **Dans un QCM**, si vos calculs ne mènent à aucune des réponses proposées, vous devez chercher l'erreur…

Du soin

- **Soignez l'orthographe et la grammaire** et rédigez des phrases complètes.
- **Utilisez les connecteurs logiques** (« donc », « or », « ensuite », « d'où », « en conclusion ») pour expliciter votre raisonnement.
- **Évitez les ratures** et les pâtés : votre copie n'en sera que plus difficilement lisible.
- Soulignez ou encadrez vos résultats. Et vérifiez par la même occasion que ce que vous avez mis en évidence répond bien à la question posée dans le sujet.
- **Aérez votre présentation** en sautant des lignes. Utilisez du blanc correcteur.
- Accordez-vous au moins 10 minutes pour vous **relire attentivement** : n'oubliez pas que **10 points sur 100** sont consacrés à la présentation de la copie et à l'utilisation de la langue française.
- Au moment de rendre votre copie, **vérifiez que vous n'oubliez rien** (par exemple, une feuille annexe).

Astuce
Sur votre copie, faites bien apparaître les numéros des exercices. Le correcteur perdra ainsi moins de temps et sera moins agacé !

Retenez bien !

- Les mathématiques sont une discipline qui requiert de la rigueur. Aussi, pensez à expliquer le plus clairement possible vos raisonnements.
- Les enseignants qui corrigent vos copies sont sensibles aux efforts faits pour rendre une copie soignée et agréable à lire. Prenez alors votre plus belle écriture et rendez un travail propre !

3. L'épreuve de Physique-Chimie – SVT – Technologie expliquée

Comment s'organise cette nouvelle épreuve ?

Les caractéristiques de l'épreuve

- Cette épreuve porte sur les programmes du cycle 4 de Physique-Chimie, SVT et Technologie.
- **La commission nationale d'élaboration des sujets** détermine les deux disciplines sur les trois qui sont évaluées (sur 25 points chacune) pour cette épreuve.
- Il y a donc **3 combinaisons possibles** : Physique-Chimie et SVT, Physique-Chimie et Technologie, SVT et Technologie. Chaque année, une de ces trois combinaisons sera proposée à l'examen.

À savoir
Cette épreuve est toute nouvelle et a été proposée pour la 1re fois en 2018.

En quoi consiste cette épreuve ?

- **Elle porte sur une thématique commune** en lien avec les programmes mais les deux sujets des deux disciplines traitées sont **indépendants** : vous pouvez commencer par la discipline que vous voulez.
- **Le sujet est constitué**, pour chaque discipline, d'un ou plusieurs **documents** (texte, photos, schémas, graphiques, données, etc) qui servent de support à un **questionnement**.
- **Les énoncés** sont volontairement concis afin qu'une éventuelle difficulté en lecture ne constitue pas un obstacle supplémentaire.
- Chaque discipline doit être traitée sur **une copie séparée.**

Comment bien s'organiser le jour de l'épreuve ?

- **Lisez l'intégralité du sujet** : cela permettra de voir quelles notions sont abordées et quelles disciplines sont traitées.
- **Organisez votre temps** : essayez d'accorder 30 minutes à chaque discipline.
- **Prévoyez** de garder un peu de temps pour la relecture des copies à la fin de l'épreuve.

Comment aborder le sujet de sciences ?

De la méthode avant toute chose...

- Une fois que vous avez choisi par quel sujet vous allez commencer, **lisez très attentivement** les documents et les questions posées.
- **Les questions** peuvent demander une **réponse rédigée** ou prendre la forme de **questionnaires à choix multiples. Dans le cas d'un QCM**, chaque question est posée avec au moins une réponse juste.
- **Quelle que soit la forme proposée**, l'évaluation peut porter sur les connaissances et/ou sur leur utilisation, ainsi que sur la mise en œuvre d'un raisonnement.
- **Repérez les informations essentielles** dans les documents, par exemple en soulignant ou en surlignant des mots-clés. **Dans un document, toutes les informations peuvent être importantes** : le titre, la source, la légende, le nom des axes, etc.
- Si des questions font appel aux documents, **utilisez le vocabulaire des documents** : cela montrera au correcteur que vous l'avez bien intégré.
- Si des questions font appel à vos connaissances, **ne récitez pas votre cours** ! Vous pourriez perdre du temps et risquer le hors-sujet.
- Si vous êtes bloqué à une question, passez à la suivante.

> **Astuce**
> Dans un QCM, lisez bien la consigne pour savoir s'il y a une ou plusieurs bonnes réponses.

Du bon usage du brouillon

- **Utilisez votre brouillon** : vous pouvez y écrire les termes importants dans les questions ou les documents, faire des schémas à main levée, des mots-clés…
- **Notez sur votre brouillon :**
  - **les informations extraites** des documents qui sont en rapport avec la consigne ;
  - **les mises en relation** entre les différents documents ;
  - **vos propres connaissances** en lien avec les informations du ou des documents.
- **Lorsque des calculs sont demandés**, faites-les d'abord au brouillon et vérifiez-les plusieurs fois, en faisant attention aux unités utilisées.

> **Le conseil du prof !**
> Ne rédigez pas toutes vos réponses sur le brouillon, vous n'en aurez pas le temps !

Comment rédiger sa copie ?

- **Si la question nécessite uniquement l'utilisation de documents**, présentez d'abord les informations précises qui vous serviront d'arguments et terminez par votre interprétation.
- **Si la question exige une mise en relation des documents avec des connaissances**, utilisez d'abord les documents en les décrivant précisément, puis interprétez-les à l'aide de vos connaissances.
- **Si la question est une restitution de connaissances ou nécessite un raisonnement sans s'appuyer sur des documents**, soyez le plus clair et le plus précis possible.

> **Gagnez des points !**
> Ne récitez pas votre cours. Les réponses aux questions posées sont souvent courtes, cela évite d'être hors sujet.

Comment mettre toutes les chances de votre côté ?

De la cohérence

- **Indiquez le titre de la partie traitée et précisez bien le numéro** de la question (surtout si vous n'avez pas répondu dans l'ordre) afin d'éviter les erreurs.
- **Si des calculs vous sont demandés**, détaillez-les puis n'oubliez pas de les vérifier.
- Les grandeurs doivent toujours être accompagnées de **leur unité**.
- **Vérifiez la vraisemblance de vos résultats** : le diamètre d'une roue ne peut pas être de 3 km, la masse d'un atome ne peut pas être de 400 g, etc.
- **Si un schéma est demandé**, utilisez votre crayon à papier et **soyez soigneux** : les traits doivent être tracés à la règle, le schéma doit avoir un titre et les axes (dans le cas d'un graphique) doivent avoir **un nom**.

À savoir

Deux enseignants corrigeront cette épreuve. Il est donc primordial de rédiger vos deux sujets sur deux copies séparées.

Du soin

- **Rédigez des phrases entières** (sujet, verbe, complément) : structurez vos phrases à l'aide de connecteurs logiques (« donc », « or », « car », etc.).
- **Soyez attentifs à l'orthographe et à la grammaire. Relisez-vous attentivement** : **5 points sur 50** sont consacrés à la présentation de la copie et à l'utilisation de la langue française.
- Si la réponse est longue, **faites des paragraphes**.
- **Évitez les ratures** et les pâtés : votre copie n'en sera que plus difficilement lisible.
- **Aérez votre présentation** en sautant des lignes. Utilisez du blanc correcteur.
- Au moment de rendre votre copie, **vérifiez que vous n'oubliez rien** (par exemple, une feuille annexe).

Les clés du succès !

- **Prenez le temps** de bien comprendre les termes du sujet et de la consigne.
- **Reliez les informations pertinentes** des documents à vos connaissances.
- Même si vous n'arrivez pas à trouver le résultat final, détaillez les démarches suivies et vos essais de calcul sur votre copie. Vous pourrez ainsi gagner des points.

MATHÉMATIQUES

SUJET 1

100 pts*

2H

* Dont 10 points pour la présentation de la copie, l'orthographe, la syntaxe et le vocabulaire.

Exercice 1

12 pts 15 min → Corrigé p. 18

1 Lorsque Lisandre commence sa balade à vélo, le plateau a 42 dents et le pignon a 14 dents. Combien de tours fait le pignon quand le plateau fait un tour complet ?

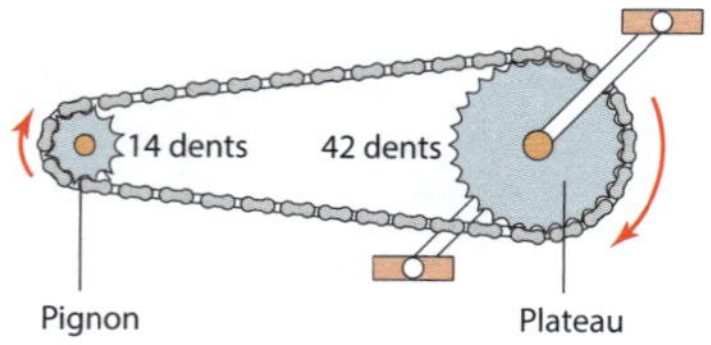

2 Lisandre change de vitesse, c'est-à-dire qu'elle change le nombre de dents du plateau et du pignon : elle choisit un plateau qui a 48 dents. Lorsque le plateau fait 5 tours, le pignon fait alors 16 tours. Combien de dents compte le pignon ?

3 Le diamètre des roues du vélo de Lisandre est de 70 cm. Combien de tours ces roues doivent-elles effectuer pour parcourir 10 km ? Donner une valeur approchée à l'unité près.

› Je réponds aux questions

1 ....

2 ....

....

3 ....

....

....

Comprendre l'exercice

- Le plateau et le pignon tournent du même nombre de dents.
- Il faut connaître la formule permettant de calculer la longueur d'un cercle.

Les conseils du prof !

Complétez la phrase : « Quand le plateau fait un tour complet, le pignon tourne de 42 dents soit ... tours de 14 dents. »

En 5 tours, le plateau tourne de 5 × 48 dents, ce qui correspond aussi à 16 fois le nombre de dents du pignon.

- En un tour de roue, le vélo avance d'une longueur qui correspond à la longueur du tour d'une roue.
- Pensez à exprimer les longueurs dans la même unité.

Exercice 2

10 pts 10 min → Corrigé p. 18

Un sac contient 6 jetons rouges, 2 jetons jaunes et 7 jetons verts.

1 Quelle est la probabilité de tirer un jeton rouge de ce sac ?

2 Combien de jetons jaunes faudrait-il rajouter dans le sac pour que la probabilité de tirer un jeton jaune soit égale à 0,5 ?

Comprendre l'exercice

- **Notion à revoir :** probabilités.
- La somme des probabilités de deux événements contraires est égale à 1.

› Je réponds aux questions

1 ....

....

2 ....

....

....

Les conseils du prof !

Avant toute chose, calculez combien de jetons contient le sac.

Dans un premier temps, déterminez le nombre de jetons qui ne sont pas jaunes. Ensuite, utilisez l'événement contraire de « Tirer un jeton jaune ».

Exercice 3

14 pts 20 min → Corrigé p. 18

L'écran du téléviseur *Normal* est un agrandissement de celui du téléviseur *Small*.

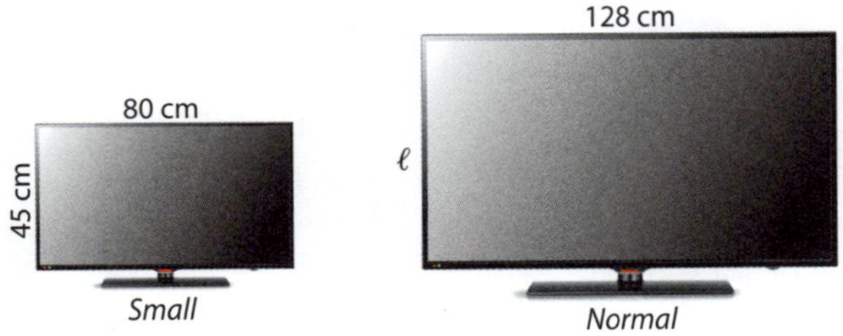

1 **a.** Calculer le rapport k d'agrandissement.

b. Calculer la largeur l de l'écran du téléviseur *Normal*.

2 En général, un écran est décrit par la longueur de sa diagonale en pouces : 1 pouce est égal à 2,54 cm.
Déterminer la longueur, en pouces, de la diagonale de l'écran du téléviseur *Small*. On donnera une valeur approchée à l'unité près.

Comprendre l'exercice

- **Notions à revoir :**
  – agrandissement-réduction ;
  – théorème de Pythagore.
- Dans un agrandissement de rapport k, les longueurs sont multipliées par k.

› Je réponds aux questions

1 **a.** ....

....

....

b. ....

....

....

Les conseils du prof !

Déterminez le nombre k par lequel on a multiplié 80 pour obtenir 128.

❷ ....

Les conseils du prof !

- Après avoir mis en évidence un triangle rectangle, on applique le théorème de Pythagore dans ce triangle pour calculer la longueur en cm de l'écran du téléviseur *Small*.
- Utilisez ensuite l'information 1 pouce = 2,54 cm pour exprimer la longueur de la diagonale en pouces.

Exercice 4

10 pts 15 min → Corrigé p. 19

Retrouver les informations manquantes sur chacune de ces deux étiquettes.

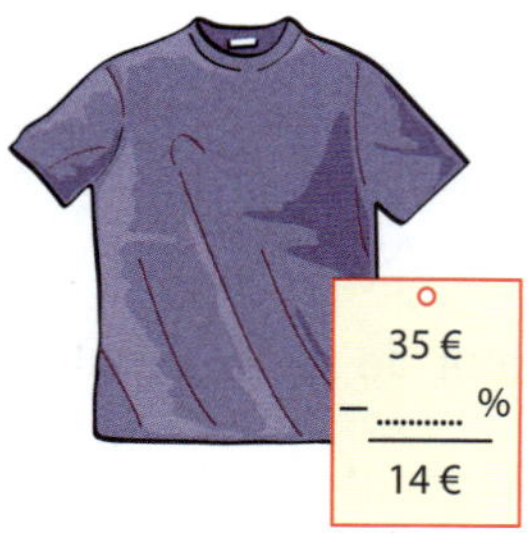

Comprendre l'exercice

- **Notion à revoir :** pourcentages.
- Un pourcentage est une fraction que l'on a écrit avec un dénominateur égal à 100.

› Je réponds à la question

....

- Pour le pantalon, calculez d'abord le montant en euros de la réduction.
- Pour le tee-shirt, calculez d'abord le montant de la réduction en euros puis écrivez le quotient $\frac{\text{Réduction}}{\text{Prix initial}}$ avec un dénominateur égal à 100.

Exercice 5

12 pts 20 min → Corrigé p. 19

La figure ci-contre est donnée à titre indicatif.
AB = 11 cm ; CD = 7,2 cm ; AC = 8 cm ; CE = 9,6 cm.
Les droites (AB) et (DE) sont parallèles.

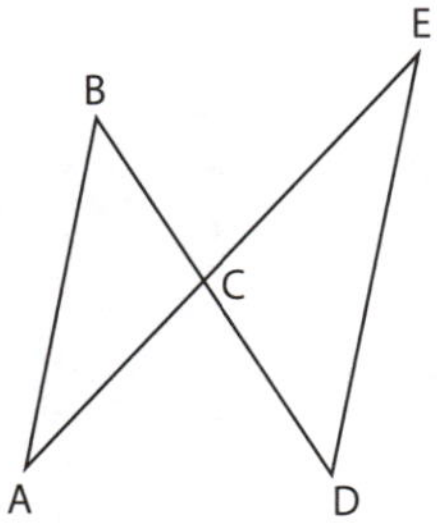

1 Calculer les longueurs CB et DE.

2 Tom affirme que le triangle BDE est isocèle. A-t-il raison ?

› Je réponds aux questions

1 ....

2 ....

Comprendre l'exercice

- **Notion à revoir :** théorème de Thalès.
- Un triangle isocèle est un triangle qui a 2 côtés de la même longueur.

Les conseils du prof !

Précisez dans quels triangles on utilise le théorème de Thalès.

Calculez les longueurs de 2 des côtés du triangle BDE.

Exercice 6

16 pts 20 min → Corrigé p. 19

1 Voici le script que Juliette veut utiliser pour dessiner un carré de côté 50.
Indiquer les nombres que Juliette peut saisir dans les zones rouge, verte et jaune.

2 **a.** Lequel des scripts ci-après a permis de réaliser la figure suivante ?

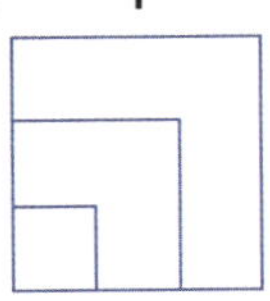

Comprendre l'exercice

- **Notions à revoir :**
  – coordonnées ;
  – boucles ;
  – variables.
- Pour la question **2**, n'hésitez pas à faire des schémas et à les compléter à chaque etape du script.

Script 1

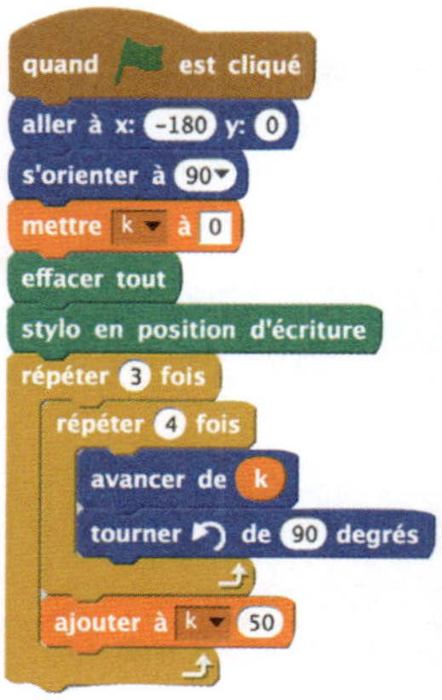

Script 2

Script 3

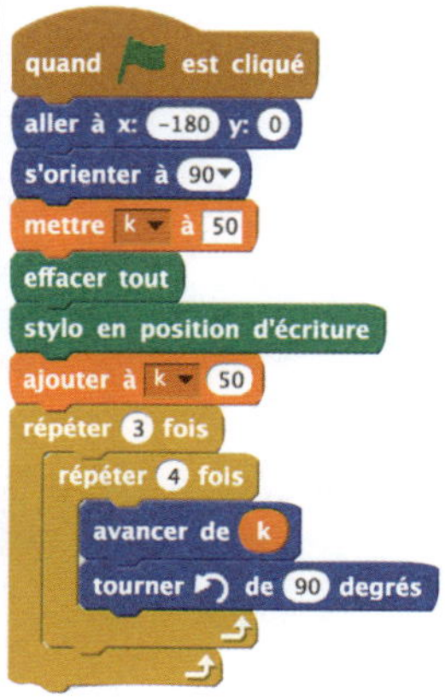

b. Quelle est la longueur d'un côté du grand carré ?

c. Représenter la figure obtenue avec chacun des deux autres scripts, en prenant 1 cm pour 50.

› Je réponds aux questions

1

2 **a.**

b.

c.

Les conseils du prof !

La longueur des côtés du carré de départ est 50 et, à chaque étape, cette longueur est modifiée.

On peut réaliser un tableau de ce type pour chaque script :

	Valeur de k
Départ	
Boucle 1	
Boucle 2	
...	

Exercice 7

16 pts — 20 min → Corrigé p. 19

Une citerne en forme de parallélépipède rectangle est utilisée pour récupérer l'eau de pluie. On a représenté ci-dessous cette citerne avant un épisode pluvieux.

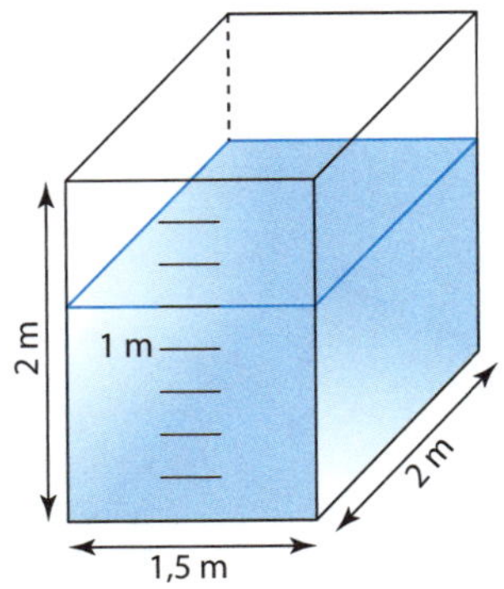

1 a. Quelle était la hauteur de l'eau dans la citerne avant l'épisode pluvieux ?

b. Combien de litres contenait la citerne avant l'épisode pluvieux ? On rappelle que 1 m^3 = 1 000 L.

2 L'épisode pluvieux a commencé à 14 h 30 et s'est terminé à 21 h. Durant cette période, il est tombé en moyenne 16 L d'eau par m^2 et par heure.
Quelle était la hauteur de l'eau dans la citerne à la fin de l'épisode pluvieux ?

› Je réponds aux questions

1 a. ....

b. ....

....

....

2 ....

....

....

....

....

....

....

....

Comprendre l'exercice

- **Notions à revoir :**
  – calcul de volumes ;
  – durées ;
  – proportionnalité.
- C'est un exercice à prise d'initiatives : n'hésitez pas à écrire toute trace de votre recherche.
- Il faut connaître la formule du volume d'un parallélépipède rectangle.

Les conseils du prof !

Aidez-vous des lignes dessinées sur le parallélépipède.

Aidez-vous de la conversion donnée dans l'énoncé.

Commencez par déterminer combien de temps l'épisode pluvieux a duré.

Trouvez ensuite sur quelle surface la pluie est tombée.

SUJET **1** CORRIGÉS

Je comprends les corrigés

Exercice 1 → p. 12

1 42 : 14 = 3.
Le pignon fait 3 tours quand le plateau fait 1 tour.

> Faites une phrase qui explique chaque calcul.

2
- $5 \times 48 = 240$.
  16 tours de pignon correspondent à 240 dents.
- 240 : 16 = 15.
  Le pignon a 15 dents.

3
- $\pi \times d = \pi \times 70$ cm.
  En un tour de roue, Lisandre avance de $70\,\pi$ cm soit $0{,}7\,\pi$ m.
- 10 km = 10 000 m et 10 000 : $0{,}7\,\pi \approx 4\,547{,}3$
  Les roues doivent donc effectuer 4 548 tours.

> - La longueur d'un cercle de diamètre *d* est $\pi \times d$.
> - Pensez à exprimer les longueurs dans la même unité.

Exercice 2 → p. 12

1 6 + 2 + 7 = 15. Le sac contient 15 jetons.
La probabilité de tirer un jeton rouge est $\frac{6}{15}$ ou 40 % ou 0,4.

> Une probabilité s'exprime sous la forme d'une fraction, d'un pourcentage ou d'un nombre décimal.

2
- Le nombre de jetons jaunes doit être égal au nombre de jetons qui ne sont pas jaunes.
- 6 + 7 = 13. Dans le sac, il y a 13 jetons qui ne sont pas jaunes.
- 13 – 2 = 11. Il faudrait ajouter 11 jetons jaunes.

> N'oubliez pas la dernière étape qui permet de répondre à la question.

Exercice 3 → p. 13

1 **a.** $k = \frac{128}{80} = 1{,}6$ donc $k = 1{,}6$.

b. $\ell = 1{,}6 \times 45$ cm = 72 cm, donc la largeur ℓ de l'écran du téléviseur *Normal* est 72 cm.

> - Lorsqu'on multiplie 80 cm par *k*, on obtient 128 cm.
> - Lorsqu'on multiplie 45 cm par *k*, on obtient ℓ.

2
- On utilise le théorème de Pythagore dans le triangle ABC ci-contre rectangle en A.

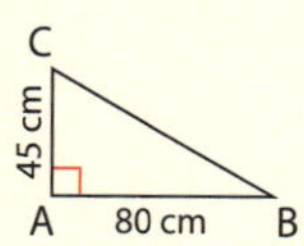

  $BC^2 = BA^2 + AC^2$
  $BC^2 = 80^2 + 45^2$, donc $BC^2 = 6\,400 + 2\,025$
  $BC^2 = 8\,425$, donc $BC = \sqrt{8\,425}$
  $BC \approx 91{,}8$ cm.
  La longueur de la diagonale du téléviseur *Small* est d'environ 91,8 cm.
- 91,8 : 2,54 ≈ 36. La longueur de la diagonale du téléviseur *Small* est d'environ 36 pouces.

> - N'oubliez pas de préciser le triangle dans lequel vous vous placez et de citer le théorème utilisé.
> - On aurait aussi pu, dans un premier temps, exprimer 80 cm et 45 cm en pouces.

Exercice 4 → p. 14

- $70\text{ €} \times \frac{30}{100} = 21\text{ €}$ et $70\text{ €} - 21\text{ €} = 49\text{ €}$.
  L'information manquante pour le pantalon est **49**.
- $35 - 14 = 21$ et $\frac{21}{35} = \frac{60}{100} = 0{,}6 = 60\ \%$.
  L'information manquante pour le tee-shirt est **60**.

> Pour le pantalon, il est aussi possible de multiplier 70 par $1 - \frac{30}{100}$, c'est-à dire par 0,7.

Exercice 5 → p. 15

1 Les droites (AE) et (BD) sont sécantes en C et les droites (AB) et (DE) sont parallèles. Donc, d'après le théorème de Thalès :

$\frac{CA}{CE} = \frac{CB}{CD} = \frac{AB}{DE}$, soit $\frac{8}{9{,}6} = \frac{CB}{7{,}2} = \frac{11}{DE}$.

De $\frac{8}{9{,}6} = \frac{CB}{7{,}2}$, on obtient $CB = \frac{8 \times 7{,}2}{9{,}6}$ d'où CB = 6 cm.

De $\frac{8}{9{,}6} = \frac{11}{DE}$, on obtient $DE = \frac{11 \times 9{,}6}{8}$ d'où DE = 13,2 cm.

> N'oubliez pas de préciser les droites qui sont parallèles et de citer le théorème utilisé.

2 BD = BC + CD = 6 cm + 7,2 cm = 13,2 cm.
BD = DE, donc le triangle BDE est isocèle en D et Tom a raison.

> En reportant les longueurs connues sur la figure, on s'aperçoit que l'on peut facilement calculer la longueur BD.

Exercice 6 → p. 15

1 Zone rouge : –130 (car – 180 + 50 = –130). Zone verte : –130
Zone jaune : 50.

> On aurait aussi pu écrire – 50 dans la zone jaune.

2 **a.** Le script 2 a permis de réaliser la figure.
b. Le côté d'un grand carré mesure 150 (car 3 × 50 = 150).
c. Script 1

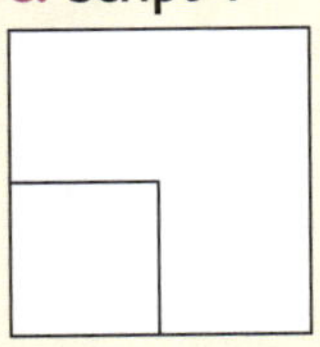

Script 3

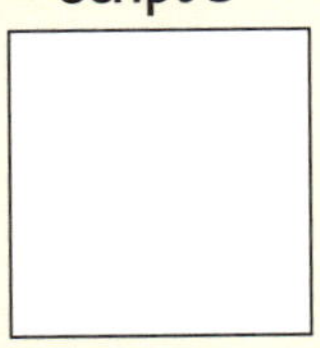

> - Pour le script 1, *k* vaut 0 pour la première boucle, donc seuls deux carrés (de côtés 50 et 100) seront tracés.
> - Pour le script 3, « ajouter 50 à *k* » est en dehors de la boucle, donc *k* vaut 100 pour les 3 carrés, qui sont donc superposés. On ne voit donc qu'un seul et même carré de côté 100.

Exercice 7 → p. 17

1 **a.** La hauteur de l'eau était 1,25 m.
b. L'eau forme un parallélépipède rectangle de dimensions 1,25 m, 1,5 m et 2 m.
$V = 1{,}25\text{ m} \times 1{,}5\text{ m} \times 2\text{ m} = 3{,}75\text{ m}^3$.
Le volume V de l'eau est $3{,}75\text{ m}^3$ et la citerne contenait 3 750 L.

> Le volume V d'un parallélépipède rectangle de dimensions l, L et h est $V = l \times L \times h$.

2
- 21 h – 14 h 30 min = 6 h 30 min = 6,5 h.
  L'épisode pluvieux a duré 6,5 h.
- 2 m × 1,5 m = 3 m². La pluie tombe sur une surface de 3 m².
- 3 × 6,5 × 16 L = 312 L. Il est tombé 312 L, soit 0,312 m³ dans la citerne.
- 0,312 : 3 = 0,104. La hauteur de l'eau a augmenté de 0,104 m.
- 1,25 m + 0,104 m = 1,354 m. La hauteur de l'eau après l'épisode pluvieux était 1,354 m.

Je comprends les corrigés

- Il est tombé 16 L par heure et par m² donc, sur 3 m², il est tombé, en 6,5 h : 3 × 6,5 × 16 L.
- L'eau qui est tombée dans la citerne forme un nouveau parallélépipède rectangle de volume 0,312 m³.
- L'aire de la base de ce parallélépipède rectangle est 3 m², donc sa hauteur (en m) est 0,312 : 3.

JE FAIS LE POINT

	J'ai bien compris et j'ai réussi	Il manque des connaissances → Je revois le cours	Je n'ai pas compris la méthode → Je relis les conseils
EXERCICE 1 → p. 12			
Question 1	❑	❑	❑
Question 2	❑	❑	❑
Question 3	❑	❑	❑
EXERCICE 2 → p. 12			
Question 1	❑	❑	❑
Question 2	❑	❑	❑
EXERCICE 3 → p. 13			
Question 1	❑	❑	❑
Question 2	❑	❑	❑
EXERCICE 4 → p. 14			
Question	❑	❑	❑
EXERCICE 5 → p. 15			
Question 1	❑	❑	❑
Question 2	❑	❑	❑
EXERCICE 6 → p. 15			
Question 1	❑	❑	❑
Question 2	❑	❑	❑
EXERCICE 7 → p. 17			
Question 1	❑	❑	❑
Question 2	❑	❑	❑

SUJET 2

100 pts*

2H

* Dont 10 points pour la présentation de la copie, l'orthographe, la syntaxe et le vocabulaire.

Exercice 1

14 pts — 20 min → Corrigé p. 28

On considère le programme de calcul ci-dessous :

- Choisir un nombre.
- Soustraire 7.
- Multiplier le résultat par 3.
- Soustraire au résultat le double du nombre choisi au départ.

1 **Donner le résultat lorsqu'on choisit comme nombre de départ :**

a. 47 ; b. 4 ; c. $\frac{23}{3}$.

2 **Anne a obtenu 4 avec ce programme de calcul. Quel nombre avait-elle choisi ?**

Comprendre l'exercice

- **Notion à revoir :** calcul littéral.
- Présentez les calculs en détaillant chacune des étapes du programme.

› Je réponds aux questions

1 a. ....

....

b. ....

....

c. ....

....

2 ....

....

Les conseils du prof !

Veillez à reprendre chacune des étapes du programme de calcul.

- Vous pouvez faire des essais ou utiliser le calcul littéral.
- Vous pouvez appeler x le nombre recherché.

Exercice 2

8 pts — 10 min → Corrigé p. 28

Le 16 juillet 1969 à 13 h 32, le vaisseau Apollo 11 décollait de Houston (États-Unis). Le 20 juillet 1969, à 20 h 17, le vaisseau atterrissait sur la Lune, à 384 400 km de la Terre.

1 **Quelle a été la durée de ce vol Terre-Lune ?**

2 **Est-il vrai que, lors de ce vol, la vitesse moyenne du vaisseau a été supérieure à 3 500 km/h ?**

Comprendre l'exercice

- **Notions à revoir :**
  – unités de durée ;
  – définition de la vitesse moyenne.
- N'oubliez pas de justifier toutes vos réponses.

› Je réponds aux questions

1 ....

....

....

2 ....

....

....

Les conseils du prof !

Vous pouvez vous aider d'un schéma.

Vous pouvez soit calculer la vitesse moyenne du vaisseau, soit calculer la distance qu'il aurait parcourue avec une vitesse moyenne de 3 500 km/h.

Exercice 3

16 pts 15 min → Corrigé p. 29

ABC est un triangle tel que $AB = 5$ cm, $AC = 8$ cm et $\widehat{ACB} = 35°$.
O est le point de [AC] tel que $AO = 2$ cm et L est le point de [AB] tel que $\widehat{OLA} = 35°$.

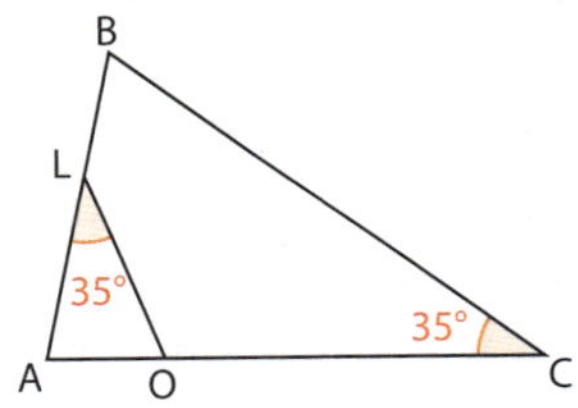

1 **Démontrer que les triangles ABC et OLA sont semblables.**

2 **Calculer la longueur LA.**

Comprendre l'exercice

- **Notion à revoir :** triangles semblables.

› Je réponds aux questions

1 ....

....

....

....

2 ....

....

....

....

....

....

Les conseils du prof !

Vous pouvez montrer que les deux triangles ont deux angles de même mesure.

- Des triangles semblables ont les longueurs de leurs côtés deux à deux proportionnelles.
- Il faut mettre en évidence les côtés homologues.

Exercice 4

18 pts 25 min → Corrigé p. 29

On a représenté ci-dessous le coût de l'électricité, en €, en fonction de la consommation, en kWh (kilowattheure).

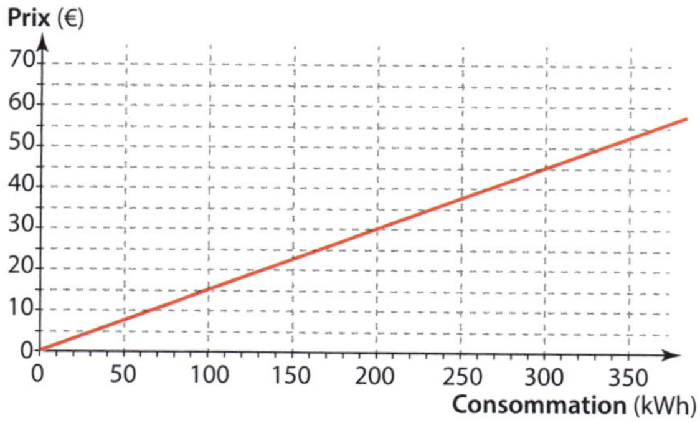

1 a. Le coût, en €, est-il proportionnel à la consommation en kWh ? Justifier.

b. Indiquer le coût d'une consommation de 100 kWh.

2 On note $p(x)$ le coût de x kWh. Donner l'expression de $p(x)$.

3 Sur une facture d'électricité, on ajoute au coût de la consommation le prix de l'abonnement. Le montant total de la facture de Sophie est de 45 € et le prix de l'abonnement est de 9 €. Quel pourcentage du montant total de la facture de Sophie représente le prix de l'abonnement ?

4 Déterminer la consommation, en kWh, de Sophie :

a. par lecture graphique ; b. par un calcul.

5 Représenter sur le graphique la fonction donnant le montant d'une facture, en €, abonnement inclus, en fonction de la consommation.

Comprendre l'exercice

- **Notions à revoir :**
  - proportionnalité ;
  - fonctions linéaires ;
  - fonctions affines.

› Je réponds aux questions

1 a. ....

....

b. ....

....

2 ....

....

....

....

Les conseils du prof !

Vous pouvez répondre sans effectuer de calculs mais en citant une propriété du cours.

- Vous pouvez utiliser vos réponses aux questions précédentes.
- Quelle est la nature de la fonction p ?

Les conseils du prof !

Cela revient à exprimer une fraction avec un dénominateur égal à 100.

3 ....

4 ....

Le coût de la consommation s'obtient en enlevant à la facture le montant de l'abonnement.

5 *Complétez directement sur le graphique de l'énoncé p. 32.*

Le montant de la facture est toujours supérieur de 9 € au coût de l'électricité.

Exercice 5

8 pts 15 min → Corrigé p. 30

Clara utilise une échelle de 8 m pour laquelle le fabricant recommande un angle de 65° à 75° avec l'horizontale.

1 Sur la situation ci-contre, Clara respecte-t-elle les recommandations du fabricant ?

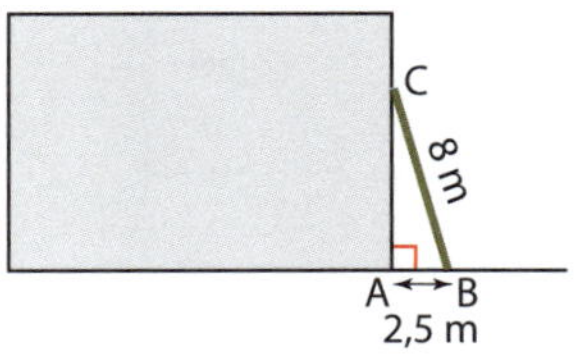

2 Quelle est la hauteur maximale (c'est-à-dire lorsque l'échelle fait un angle de 75° avec l'horizontale) que Clara peut atteindre en respectant les recommandations du fabricant ?

Donner une valeur approchée au cm près.

Comprendre l'exercice

- **Notion à revoir :** trigonométrie dans le triangle rectangle.
- Vérifiez que votre calculatrice est en mode degré.

› Je réponds aux questions

1 ....

Les conseils du prof !

Il faut calculer la mesure d'un angle en s'aidant de la trigonométrie.

2 ....

Vous devez calculer la longueur AC.

Exercice 6

14 pts 20 min → Corrigé p. 30

Une terrasse rectangulaire a pour dimensions 390 cm et 650 cm. On souhaite la recouvrir avec des carreaux de forme carrée, tous de même taille, posés bord à bord sans jointure et sans les découper.

1 Peut-on utiliser des carreaux de :

a. 25 cm de côté ?

b. 26 cm de côté ?

c. 30 cm de côté ?

2 a. Décomposer 390 en produit de facteurs premiers.

b. En déduire la longueur maximale du côté d'un carreau.

3 On décide finalement d'utiliser des carreaux de 26 cm de côté, qui sont vendus par paquets de 60 carreaux.

À l'aide de l'étiquette ci-contre, déterminer le coût des carreaux pour cette terrasse.

Paquet de 60 carreaux

- Dimensions des carreaux : 26 cm × 26 cm
- Prix du paquet : 75 €

› Je réponds aux questions

1 a. ....

....

b. ....

....

c. ....

....

2 a. ....

....

b. ....

....

3 ....

....

....

....

Comprendre l'exercice

- **Notion à revoir :** décomposition d'un nombre en produit de facteurs premiers.
- Les nombres premiers de 0 à 20 sont à connaître.

Les conseils du prof !

La longueur du côté d'un carreau doit diviser 390 et 650.

390 = 39 × 10 = ...

Exercice 7

12 pts 15 min → Corrigé p. 31

Voici un travail réalisé avec le logiciel Scratch :

- **Le programme**

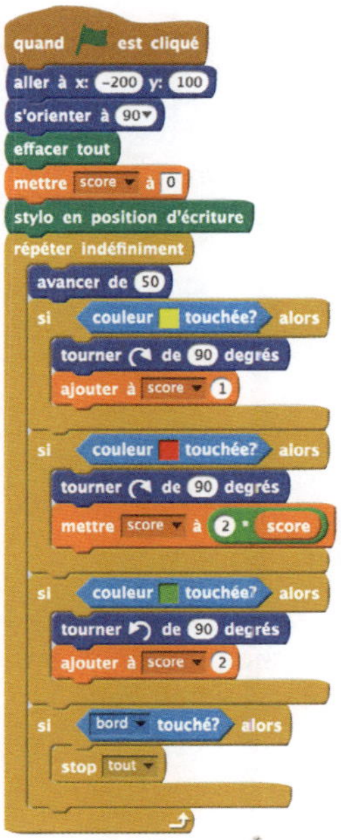

- **La scène et le lutin**

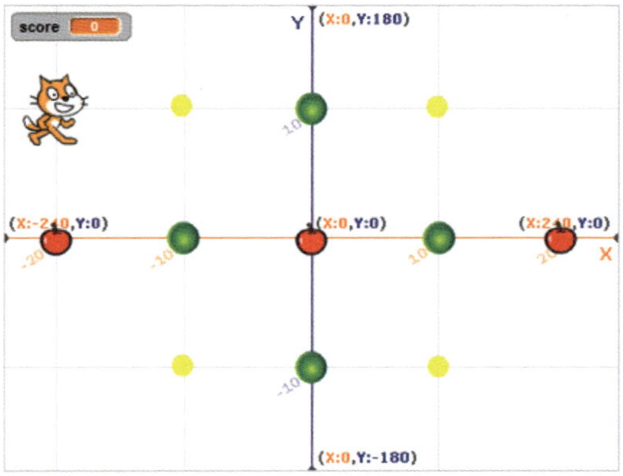

On clique sur le drapeau vert.

1 Représenter, sur la scène ci-dessus, le trajet du lutin.

2 Quelle est la valeur de la variable « score » quand le script s'arrête ?

3 Quelle brique peut-on modifier pour que, lorsque le script s'arrête, le lutin se trouve au point de coordonnées (–200 ; 180) ?

› Je réponds aux questions

1 *Complétez directement le schéma de la scène ci-dessus.*

2 ....

....

....

3 ....

....

....

....

....

Comprendre l'exercice

- **Notions à revoir :**
– instructions conditionnelles ;
– déplacements ;
– variables.

Les conseils du prof !

Il faut tracer pas à pas le parcours du lutin.

Le score évolue de façon différente selon la couleur qui est touchée.

SUJET 1 CORRIGÉS

Exercice 1 → p. 22

Je comprends les corrigés

> Vous pouvez utiliser la calculatrice pour vérifier vos calculs mais vous devez présenter les différentes étapes sur votre copie.

1 a. $47 \rightarrow 47 - 7 = 40 \rightarrow 3 \times 40 = 120$
$\rightarrow 120 - 2 \times 47 = 120 - 94 = 26.$
Si l'on choisit 47, on obtient 26.

b. $4 \rightarrow 4 - 7 = -3 \rightarrow 3 \times (-3) = -9 \rightarrow -9 - 2 \times 4 \rightarrow -9 - 8 = -17.$
Si l'on choisit 4, on obtient –17.

c. $\frac{23}{3} \rightarrow \frac{23}{3} - 7 = \frac{23}{3} - \frac{21}{3} = \frac{2}{3} \rightarrow 3 \times \frac{2}{3} = 2$
$\rightarrow 2 - 2 \times \frac{23}{3} = \frac{6}{3} - \frac{46}{3} = -\frac{40}{3}.$
Si l'on choisit $\frac{23}{3}$, on obtient $-\frac{40}{3}$.

2 On note x le nombre choisi au départ.
$x \rightarrow x - 7 \rightarrow 3 \times (x - 7) \rightarrow 3 \times (x - 7) - 2x = 3x - 21 - 2x = x - 21.$
Le nombre obtenu est donc $x - 21$. Déterminer le nombre choisi par Anne revient à résoudre l'équation $x - 21 = 4$.
$x - 21 + 21 = 4 + 21$
$x = 25$. Anne a choisi 25.

> Ce programme revient à soustraire 21. Pour obtenir 4, il faut donc choisir 21 + 4, soit 25.

Exercice 2 → p. 22

1

4 × 24 h soit 96 h + 28 min + 6 h + 17 min → 4 jours 6 h 45 min ou 102 h 45 min

16 juillet 13 h 32 → 20 juillet 13 h 32 → 20 juillet 14 h → 20 juillet 20 h → 20 juillet 20 h 17

Le vol a duré 4 jours 6 h 45 min ou 102 h 45 min.

2 102 h 45 min = 102 h + $\frac{45}{60}$ h = 102 h + 0,75 h = 102,75 h.

$v = \frac{d}{t}$ soit $v = \frac{384\,400}{102{,}75}$. Donc $v \approx 3\,741$ km/h.

La vitesse moyenne du vaisseau a donc bien été supérieure à 3 500 km/h.

> On aurait aussi pu, par exemple, constater que :
> 103 × 3 500 = 360 500.
> 360 500 < 384 400, donc on peut en conclure que la vitesse moyenne du vaisseau était supérieure à 3 500 km.

Exercice 3 → p. 23

1 $\widehat{ACB} = \widehat{ALO}$ et $\widehat{BAC} = \widehat{LAO}$. Les triangles ABC et OLA ont deux angles de même mesure, donc ils sont semblables.

2 On peut construire ce tableau :

Sommets homologues	Côtés homologues
O et B	[LA] et [AC]
A et A	[LO] et [BC]
L et C	[AO] et [AB]

- Les triangles ABC et OLA sont semblables, donc les longueurs des côtés sont deux à deux proportionnelles. D'où les égalités :

$\frac{LA}{AC} = \frac{LO}{BC} = \frac{AO}{AB}$, c'est-à-dire $\frac{LA}{8} = \frac{LO}{BC} = \frac{2}{5}$.

- De $\frac{LA}{8} = \frac{2}{5}$, on déduit $5 \times LA = 2 \times 8$ et $LA = \frac{2 \times 8}{5}$.

Donc LA = 3,2 cm.

On aurait aussi pu remarquer que LAO est une réduction de ABC de rapport $\frac{AO}{AB} = 0{,}4$.
On a alors LA = 0,4 × AC, c'est-à-dire : LA = 0,4 × 8 cm = 3,2 cm.

Exercice 4 → p. 24

1 **a.** La situation est représentée par une demi-droite qui passe par l'origine du repère.
Il s'agit donc d'une situation de proportionnalité. Le coût, en €, est proportionnel à la consommation en kWh.

b. On lit sur le graphique (tracé en bleu cf p. suivante) que le coût d'une consommation de 100 kWh est 15 €.

2 La fonction p est une fonction linéaire, donc $p(x) = ax$.

100 kWh coûtent 15 €, donc 1 kWh coûte $\frac{15}{100}$ € soit 0,15 €.

x kWh coûtent alors $0{,}15 \times x$ € et donc, $p(x) = 0{,}15x$.

- On peut aussi construire ce tableau de proportionnalité :

kWh	100	x
€	15	$p(x)$

- $p(x) = 0{,}15x$

3 $\frac{9}{45} = 0{,}2 = \frac{20}{100}$. Le prix de l'abonnement représente 20 % du montant total de la facture.

4 **a.** 45 € – 9 € = 36 €.
Le coût de la consommation est de 36 € et on lit sur le graphique (tracé en vert cf p. suivante) que Sophie a consommé 240 kWh.

b. $p(x) = 36$, donc $0{,}15x = 36$ et $x = \frac{36}{0{,}15} = 240$.
Sophie a consommé 240 kWh.

Le coût de l'électricité n'est pas de 45 € mais de 45 € – 9 €, soit 36 €.

5 La représentation graphique est une demi-droite parallèle à la demi-droite déjà tracée. Cette demi-droite (tracée en orange ci-dessous) passe par le point (0 ; 9) et aussi par le point (240 ; 45).

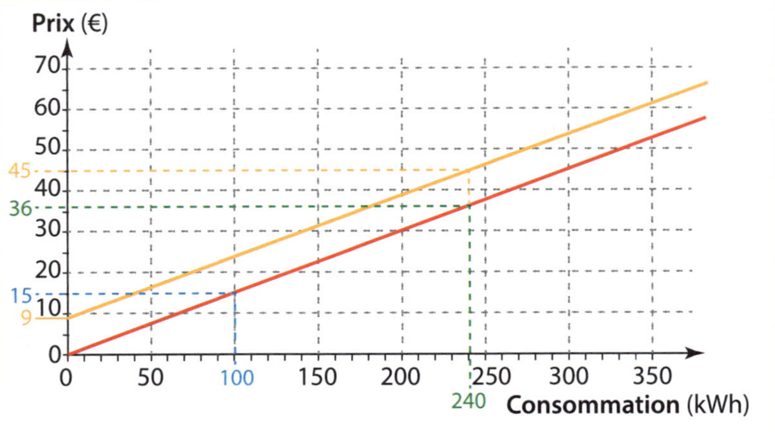

Je comprends les corrigés

Si l'on note $h(x)$ le montant, en €, d'une facture, on a alors $h(x) = 0{,}15x + 9$.
h est une fonction affine.

Exercice 5 → p. 25

1 **a.** Dans le triangle ABC rectangle en A : $\cos \widehat{ABC} = \dfrac{BA}{BC} = \dfrac{2{,}5}{8}$.

Donc $\widehat{ABC} \approx 71{,}8°$. $65° < 71{,}8° < 75°$, donc Clara respecte les recommandations du fabricant.

b. On doit ici calculer la longueur AC lorsque l'angle $\widehat{ABC}$ mesure 75°.
Dans le triangle ABC, rectangle en A :
$\sin \widehat{ABC} = \dfrac{AC}{BC}$; $\sin 75° = \dfrac{AC}{8}$; $AC = 8 \times \sin 75°$; $AC \approx 7{,}73$.
La hauteur maximale que Clara peut atteindre est environ 7,73 m.

Pour l'angle $\widehat{ABC}$, [BA] est le côté adjacent et [BC] l'hypoténuse, donc on utilise le cosinus. On tape sur la calculatrice :
Seconde cos 2,5 ÷ 8 Enter

Pour l'angle $\widehat{ABC}$, [AC] est le côté opposé et [BC] l'hypoténuse, donc on utilise le sinus. On tape sur la calculatrice :
8 × sin 75 Enter

Exercice 6 → p. 26

1 **a.** 390 : 25 = 15,6. 15,6 n'est pas un nombre entier, donc on ne peut pas utiliser des carreaux de 25 cm de côté.

b. 390 : 26 = 15 et 650 : 26 = 25, donc on peut utiliser des carreaux de 26 cm de côté.

c. 390 : 30 = 13, mais 650 : 30 ≈ 21,66, donc on ne peut pas utiliser des carreaux de 30 cm de côté.

2 **a.** $390 = 10 \times 39 = 2 \times 5 \times 3 \times 13 = 2 \times 3 \times 5 \times 13$.

b. 650 est divisible par 2, par 5 et par 13 mais pas par 3.

- 25 n'est pas un diviseur de 390.
- 26 est un diviseur de 390 et de 650.
- 30 est un diviseur de 390, mais pas de 650.

On utilise la décomposition en facteurs premiers de 390 pour déterminer les nombres premiers qui divisent à la fois 650 et 390.

La longueur maximale du côté d'un carreau est donc 2 × 5 × 13 cm soit 130 cm.

3 • On a vu que 390 : 26 = 15 et 650 : 26 = 25.
15 × 25 = 375 ; donc il faudra 375 carreaux.
• 375 : 60 = 6,25 ; donc il faudra acheter 7 paquets.
• 7 × 75 € = 525 €.
Le coût des carreaux pour cette terrasse sera de 525 €.

• Il y aura 15 lignes de 25 carreaux, soit 15 × 25 carreaux.
• On aurait aussi pu diviser l'aire de la terrasse (en cm²) par l'aire d'un carreau (en cm²).

Exercice 7 → p. 27

1

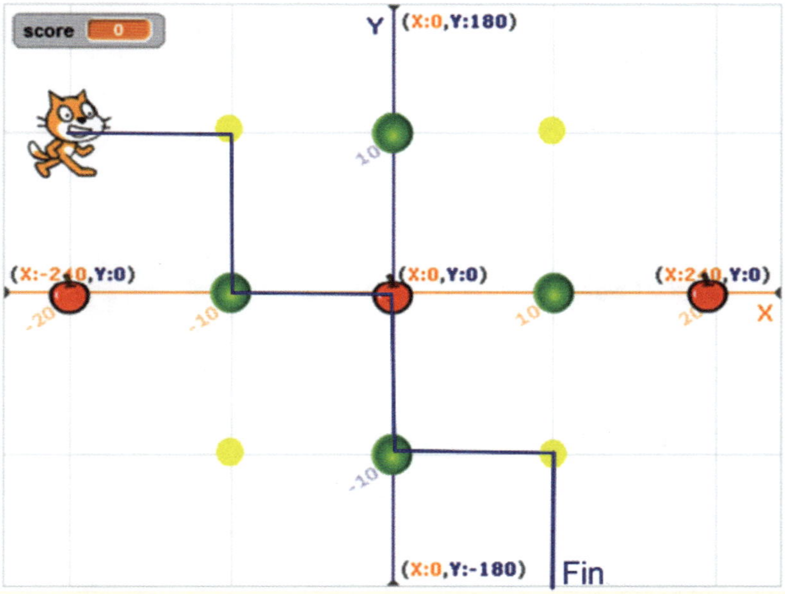

On peut indiquer avec des flèches la direction du lutin le long de son trajet.

2 On peut construire ce tableau :

Couleur rencontrée	Jaune	Vert	Rouge	Vert	Jaune
Score	0 + 1 = 1	1 + 2 = 3	2 × 3 = 6	6 + 2 = 8	8 + 1 = 9

Quand le script s'arrête, la valeur de la variable « score » est 9.

Le tableau aide à suivre l'évolution du score.

3 On peut, par exemple, remplacer la brique **tourner ↺ de 90 degrés** par la brique **tourner ↻ de 90 degrés**.

Voici le trajet du lutin avec cette modification :

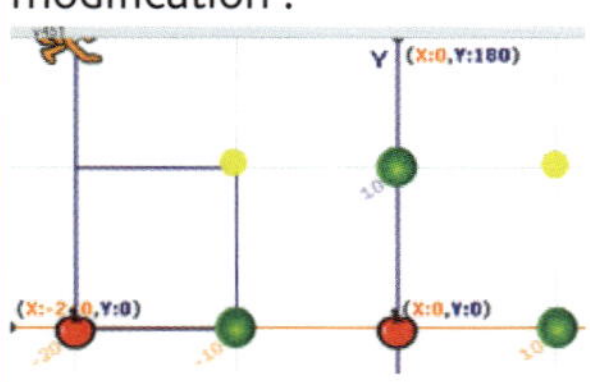

JE FAIS LE POINT

	J'ai bien compris et j'ai réussi	Il manque des connaissances → Je revois le cours	Je n'ai pas compris la méthode → Je relis les conseils
EXERCICE 1 → p. 22			
Question 1	❑	❑	❑
Question 2	❑	❑	❑
EXERCICE 2 → p. 22			
Question 1	❑	❑	❑
Question 2	❑	❑	❑
EXERCICE 3 → p. 23			
Question 1	❑	❑	❑
Question 2	❑	❑	❑
EXERCICE 4 → p. 24			
Question 1	❑	❑	❑
Question 2	❑	❑	❑
Question 3	❑	❑	❑
Question 4	❑	❑	❑
Question 5	❑	❑	❑
EXERCICE 5 → p. 25			
Question 1	❑	❑	❑
Question 2	❑	❑	❑
Question 3	❑	❑	❑
EXERCICE 6 → p. 26			
Question 1	❑	❑	❑
Question 2	❑	❑	❑
Question 3	❑	❑	❑
EXERCICE 7 → p. 27			
Question 1	❑	❑	❑
Question 2	❑	❑	❑
Question 3	❑	❑	❑

SUJET 3

100 pts*

2H

* Dont 10 points pour la présentation de la copie, l'orthographe, la syntaxe et le vocabulaire.

Exercice 1

12 pts — 20 min → Corrigé p. 40

Pour la fête d'un village, on organise un concours de pétanque. 500 € seront répartis entre les trois premiers. Le vainqueur touchera 100 € de plus que le deuxième et le deuxième touchera deux fois plus d'argent que le troisième.

Déterminer la somme que chacun des trois premiers joueurs touchera.

› Je réponds à la question

Comprendre l'exercice

- **Notions à revoir :**
  – mise en équation d'un problème ;
  – résolution d'une équation.

Les conseils du prof !

Pour modéliser la situation, vous pouvez soit réaliser un schéma, soit écrire une équation.

Exercice 2

12 pts — 15 min → Corrigé p. 40

Sur la figure ci-dessous, construire :

a. l'image ① du triangle rouge par la symétrie de centre A ;

b. l'image ② du triangle rouge par la translation qui amène A en B ;

c. l'image ③ du triangle rouge par la rotation de centre M et d'angle 90° dans le sens des aiguilles d'une montre ;

d. l'image ④ du triangle rouge par l'homothétie de centre M et de rapport 3.

› Je construis les triangles

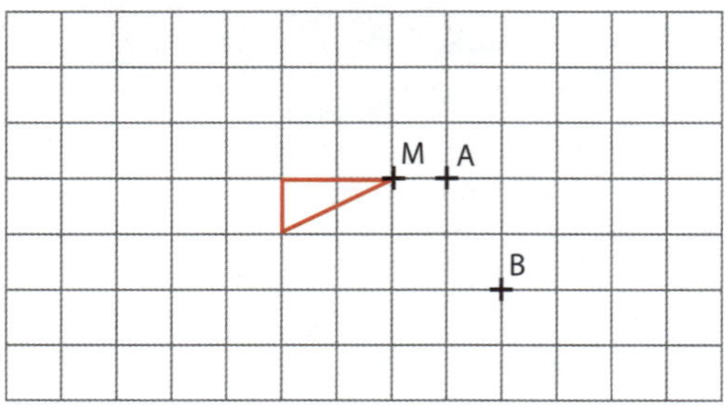

Comprendre l'exercice

- **Notion à revoir :** transformations du plan.

Les conseils du prof !

- Vous devez construire 4 triangles rectangles.
- N'hésitez pas à vous aider du quadrillage.

Exercice 3

16 pts 10 min → Corrigé p. 40

1 En 2016, parmi les 66 millions de Français, environ 1,65 million étaient du groupe sanguin AB+. Quel pourcentage de la population française était du groupe AB+ ?

2 Chez un adolescent, le volume moyen d'un globule rouge est de 90 femtolitres (1 femtolitre = 1 fL = 10^{-15} L). Combien de litres représentent les 25×10^{12} globules rouges présents en moyenne dans le corps d'un adolescent ?

› Je réponds aux questions

1 ……………………………………………………………

……………………………………………………………

……………………………………………………………

2 ……………………………………………………………

……………………………………………………………

……………………………………………………………

……………………………………………………………

Comprendre l'exercice

- **Notions à revoir :**
  – puissances de 10 ;
  – pourcentages.

Les conseils du prof !

N'oubliez pas de donner votre réponse en litres.

Exercice 4

10 pts 15 min → Corrigé p. 40

On a représenté sur la carte ci-contre le tracé du futur télésiège de « Courvalanche ».
Sur cette carte :
– tous les points situés sur une même courbe de niveau sont à la même altitude ;
– la différence d'altitude entre deux courbes consécutives est constante.

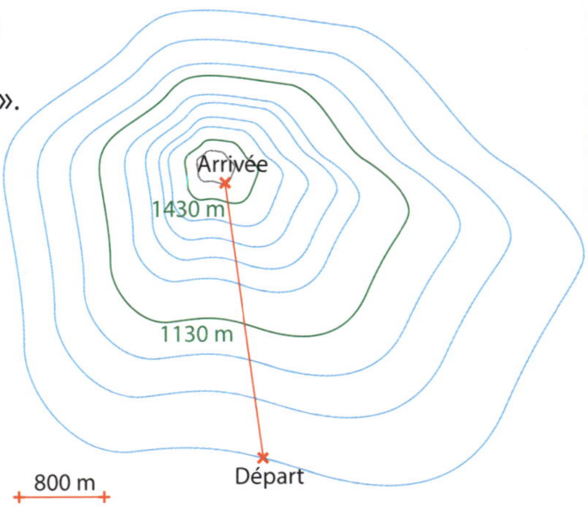

1 **Indiquer l'échelle de cette carte.**

2 **a.** **Calculer l'altitude de départ puis l'altitude d'arrivée.**

b. **En déduire le dénivelé (c'est-à-dire la différence d'altitude) du télésiège.**

c. **La pente est-elle plus raide au départ ou à l'arrivée ? Justifier votre réponse.**

Comprendre l'exercice

- **Notions à revoir :**
  – échelle d'une carte ;
  – théorème de Pythagore.
- Il est nécessaire de bien étudier cette carte avant de vous lancer dans l'exercice.

Pour calculer la longueur réelle du télésiège, Enzo a réalisé le schéma ci-contre.

3 À l'aide du schéma d'Enzo, calculer la longueur réelle du télésiège.

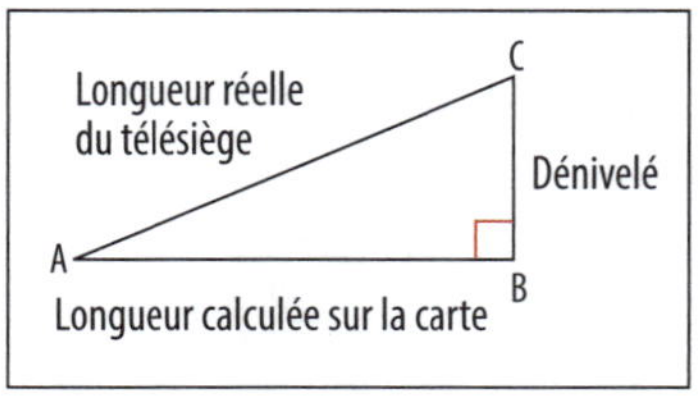

› Je réponds aux questions

1 ……………………………………………………

……………………………………………………

……………………………………………………

2 a. ……………………………………………………

……………………………………………………

……………………………………………………

……………………………………………………

b. ……………………………………………………

……………………………………………………

c. ……………………………………………………

……………………………………………………

……………………………………………………

3 ……………………………………………………

……………………………………………………

……………………………………………………

……………………………………………………

……………………………………………………

Les conseils du prof !

Dans le calcul d'une échelle, les longueurs doivent être exprimées avec la même unité.

Dans un premier temps, déterminez la différence d'altitude entre deux courbes de niveau consécutives.

Observez bien les courbes de niveau au départ et à l'arrivée.

Vous pouvez obtenir « la longueur calculée sur la carte » à l'aide de votre règle et de l'échelle de la carte.

Exercice 5

14 pts 25 min → Corrigé p. 41

Dans un souci d'écologie et d'économie, Numa envisage d'équiper le toit de sa maison pour récupérer les eaux de pluie.

Déterminer les économies qu'il pourrait ainsi réaliser chaque année sur sa facture d'eau.

Comprendre l'exercice

- Même si vous ne parvenez pas au résultat final, écrivez vos calculs et vos recherches : chacun de vos travaux sera pris en compte lors de la correction.

DOC. 1 **Le plan du toit plat de la maison de Numa**

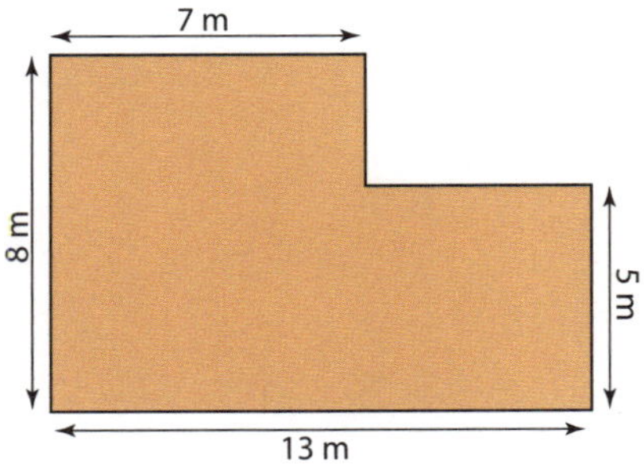

DOC. 2 **Formule de la pluviométrie**

Si Q désigne la quantité d'eau de pluie, en L, que l'on peut récupérer chaque année, alors $Q = 0{,}7 \times P \times A$, où P désigne la pluviométrie annuelle, en mm, de la région et A désigne l'aire, en m², du toit.

DOC. 3 **Renseignements divers**

- Dans la ville de Numa, $P = 761{,}9$ mm et le prix de 1 m³ d'eau est de 3,50 €.
- 1 m³ = 1 000 L.

Comprendre l'exercice

- Les trois documents vous donnent des indications pour résoudre l'exercice.

› Je réponds à la question

....

....

....

....

....

Les conseils du prof !

- Pour calculer l'aire du toit, vous pouvez par exemple décomposer ce toit en deux rectangles.
- Une fois cette aire calculée, vous pouvez calculer Q.
- N'oubliez pas de convertir les L en m³.

Exercice 6

12 pts 15 min → Corrigé p. 41

Lors d'un EPI, des classes de 3ᵉ A et de 3ᵉ B ont calculé leurs vitesses maximales aérobies (VMA). Voici les résultats présentés par les élèves de ces classes :

3ᵉ A

VMA (en km/h)	8	9	10	11	12	13	15	16
Effectif	2	1	2	4	8	5	4	2

3ᵉ B
Effectif total : 26
Moyenne : 12
Médiane : 12
VMA la plus basse : 9
Étendue : 8

1 **a.** Combien d'élèves y a-t-il en 3ᵉ A ?
b. Comparer la moyenne des VMA des deux classes.
c. Dans quelle classe se trouve l'élève qui la VMA la plus élevée ? Expliquer.

Comprendre l'exercice

- **Notions à revoir :**
  – moyenne ;
  – médiane ;
  – étendue d'une série statistique.
- Pour répondre à la question **2**, vous devez connaître la formule de la vitesse moyenne.
- La VMA est la vitesse de course à pied à partir de laquelle une personne consomme le maximum d'énergie.

Lors d'un test de 4 minutes 30 secondes, les élèves courent le long de plots espacés régulièrement tous les 20 m. Lucie, qui a une VMA de 15 km/h, avait pour objectif de courir à une vitesse moyenne correspondant à 80 % de sa VMA.

2 Lucie, qui a finalement passé 46 plots, a-t-elle réalisé son objectif ?

› Je réponds aux questions

1 a. ....

b. ....

....

c. ....

....

2 ....

....

....

....

....

Les conseils du prof !

Utilisez les indications sur l'étendue.

Calculez dans un premier temps la vitesse qui correspond à 80 % de la VMA de Lucie.

Calculez ensuite la distance que Lucie devait parcourir à cette vitesse

Exercice 7 — 14 pts — 20 min

→ Corrigé p. 42

Juliette réalise une animation avec les lutins « Avery » et « Ball ».
Voici le script du lutin « Ball ».

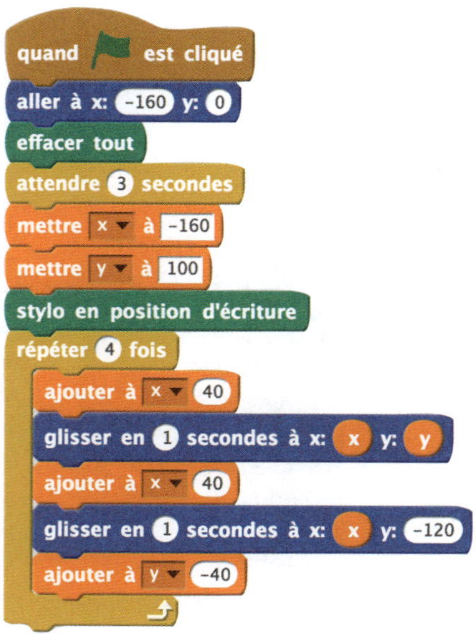

1 a. Au début du script, quelles sont les coordonnées du lutin « Ball » ?

b. Sur le graphique ci-après, tracer la trajectoire du lutin « Ball ».

Comprendre l'exercice

• x et y désignent les coordonnées du lutin « Ball ». Ces coordonnées varient tout au long du script.

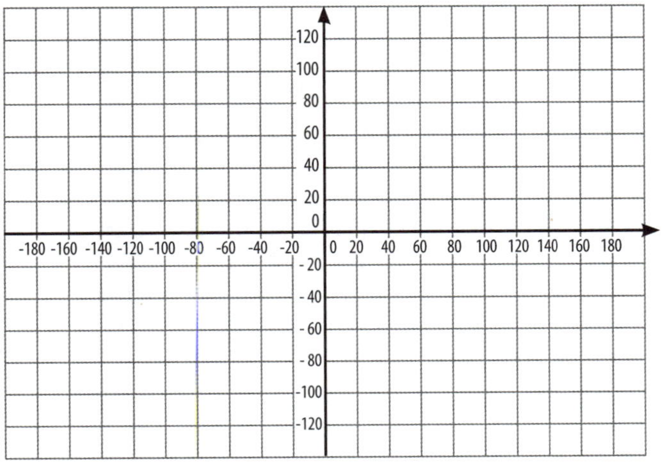

2 Juliette veut créer le script ci-dessous pour le lutin « Avery ».

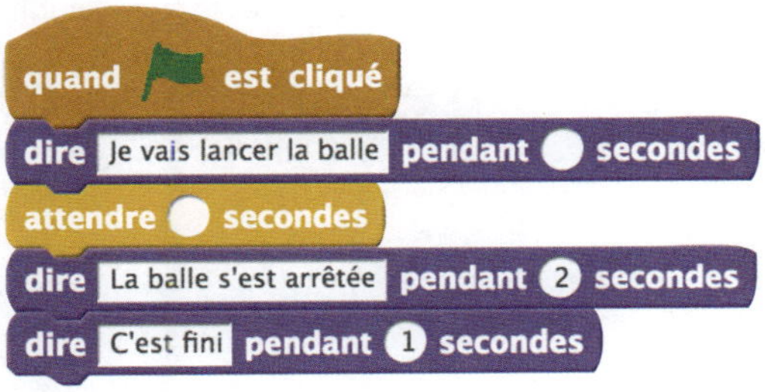

a. **Compléter ce script de façon à ce que le lutin « Avery » parle lorsque le lutin « Ball » ne bouge pas.**

b. **Quelle est alors la durée totale de l'animation ?**

› Je réponds aux questions

1 **a.** ....

....

b. *Complétez directement sur le graphique ci-dessus.*

....

....

2 **a.** *Complétez directement sur le script ci-dessus.*

....

b. ....

....

....

Les conseils du prof !

Seules les trois briques bleues correspondent à un déplacement du lutin.

- Vous pouvez déterminer les deux valeurs manquantes à l'aide du script du lutin « Ball ».
- Vous pouvez répondre à la dernière question avec le script que vous venez de compléter.

Exercice 1 → p. 34

On note x la somme, en €, que touchera le troisième. Le deuxième touchera alors $2x$ € et le vainqueur touchera $2x + 100$ €. On peut alors écrire l'équation : $x + 2x + 2x + 100 = 500$.

$5x + 100 = 500 \rightarrow 5x + 100 - 100 = 500 - 100 \rightarrow 5x = 400$

$\rightarrow \frac{5x}{5} = \frac{400}{5} \rightarrow x = 80$.

Le troisième touchera 80 €, le deuxième touchera 160 € (2 × 80 = 160) et le vainqueur touchera 260 € (160 + 100 = 260).

Je comprends les corrigés

- Le deuxième touche deux fois plus que le troisième, c'est-à-dire $2 \times x$ soit $2x$.
- Le premier touche 100 € de plus que le deuxième, c'est-à-dire $2x + 100$.

Exercice 2 → p. 34

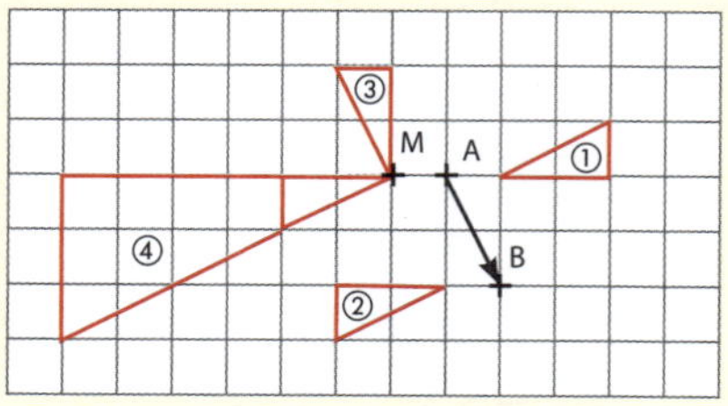

- Le triangle ② s'obtient en faisant glisser le triangle initial.
- Le triangle ④ est un agrandissement de rapport 3 du triangle initial.

Exercice 3 → p. 35

1 $\frac{1{,}65}{66} = 0{,}025 = \frac{2{,}5}{100}$.

2,5 % de la population française était du groupe AB+.

2 90 fL = 90×10^{-15} L.

$25 \times 10^{12} \times 90 \times 10^{-15}\text{ L} = 25 \times 90 \times 10^{12} \times 10^{-15}\text{ L} = 2\,250 \times 10^{12+(-15)}\text{ L}$

$= 2\,250 \times 10^{-3}\text{ L} = 2{,}25\text{ L}$.

Les globules rouges représentent 2,25 L.

25×10^{12} globules rouges occupent un volume 25×10^{12} fois plus grand que 1 seul globule rouge.

Exercice 4 → p. 35

1 1 cm sur la carte représente 800 m, soit 80 000 cm dans la réalité.

L'échelle de cette carte est $\frac{1}{80\,000}$.

L'échelle d'une carte est $\frac{\text{Distance sur la carte}}{\text{Distance réelle}}$, les deux distances étant exprimées dans la même unité.

2 **a.** • 1 430 m – 1 130 m = 300 et 300 m : 5 = 60 m.
La différence d'altitude entre deux lignes de niveau consécutives est 60 m.

• 1 130 m – 3 × 60 m = 1 130 m – 180 m = 950 m.
L'altitude de départ est 950 m.

• 1 430 m + 60 m = 1 490 m. L'altitude d'arrivée est 1 490 m.

b. 1 490 m – 950 m = 540 m. Le dénivelé est de 540 m.

c. Les lignes de niveau sont moins espacées autour de l'arrivée, donc la pente est plus raide à l'arrivée qu'au départ.

- Entre 1 130 m et 1 430 m, il y a 5 fois l'écart entre deux lignes de niveau consécutives. Donc l'écart entre deux lignes de niveau consécutives est (1 430 m – 1 130 m) : 5.

3 • Sur la carte, 3,2 cm séparent le départ de l'arrivée.
$3{,}2 \times 800$ m = 2 560 m.
La longueur calculée sur la carte est 2 560 m.

> 1 cm sur la carte représente 800 m, donc 3,2 cm représentent $3{,}2 \times 800$ m.

• Le triangle ABC est rectangle en B donc, d'après le théorème de Pythagore :
$AC^2 = AB^2 + BC^2 = 2\,560^2 + 540^2 = 6\,553\,600 + 291\,600$
Donc $AC^2 = 6\,845\,200$.
$AC = \sqrt{6\,845\,200}$. Donc $AC \approx 2\,616$. La longueur réelle du télésiège est d'environ 2 616 m.

Exercice 5 → p. 36

• $7 \times 8 + (13 - 7) \times 5 = 56 + 6 \times 5 = 56 + 30 = 86$.
L'aire *A* du toit est 86 m².

> Pour calculer l'aire du toit, on le décompose en deux rectangles de dimensions 7 m et 8 m d'une part et 13 m – 7 m et 5 m d'autre part.

• $Q = 0{,}7 \times 761{,}9 \times 86 = 45\,866{,}38$.
Numa devrait récupérer chaque année 45 866,38 L d'eau.

• 45 866,38 L = 45,866 38 m³.
$45{,}866\,38 \times 3{,}5 \approx 160{,}53$.
Numa devrait économiser environ 160,53 € chaque année.

Exercice 6 → p. 37

1 **a.** $2 + 1 + 2 + 4 + 8 + 5 + 4 + 2 = 28$.
Il y a 28 élèves dans la classe de 3ᵉ A.

b. $\dfrac{8 \times 2 + 9 \times 1 + 10 \times 2 + 11 \times 4 + 12 \times 8 + 13 \times 5 + 15 \times 4 + 16 \times 2}{28}$

$= \dfrac{342}{28}$.

Et $\dfrac{342}{28} \approx 12{,}2$.

$12{,}2 > 12$.
Donc la moyenne des VMA est supérieure dans la classe de 3ᵉ A.

c. L'étendue de la classe 3ᵉ B est 8.
Donc l'élève de 3ᵉ B qui a la plus grande VMA a une VMA de 17 ($9 + 8 = 17$).
L'élève qui a la plus grande VMA se trouve donc dans la classe de 3ᵉ B, car $17 > 16$.

> L'étendue est la différence entre la plus grande valeur et la plus petite valeur.

2 $\dfrac{80}{100} \times 15 = 0{,}8 \times 15 = 12$.
Lucie devait courir à la vitesse moyenne de 12 km/h.

• 12 km : 60 = 0,2 ;
donc Lucie doit courir à la vitesse moyenne de 0,2 km/min.

Je comprends les corrigés

- $d = v \times t$, c'est-à-dire $d = 0{,}2 \times 4{,}5 = 0{,}9$.
  Lucie devait parcourir 0,9 km, soit 900 m en 4 min 30 s.
- $46 \times 20 = 920$. $920 > 900$;
  Donc Lucie a réalisé son objectif.

> - On peut construire un tableau de proportionnalité pour calculer la distance parcourue par Lucie.
> - On peut aussi calculer la vitesse moyenne de Lucie en km/h et la comparer à 12 km/h.

Exercice 7 → p. 38

1 **a.** Au début du script, les coordonnées du lutin « Ball » sont (–160 ; 0).

b.

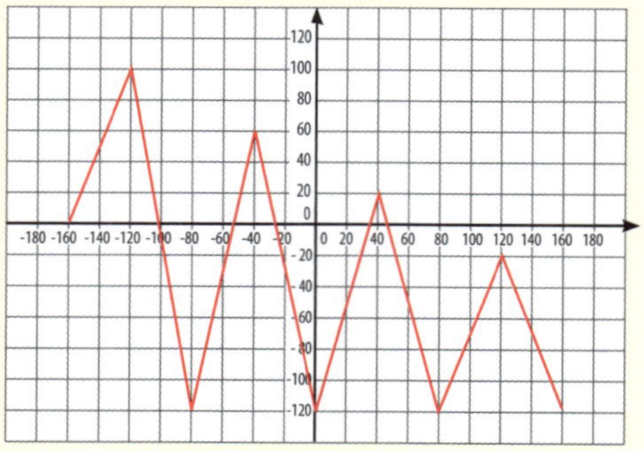

> - À chaque déplacement, l'abscisse du lutin augmente de 40. (–160 + 40 = –120).
> - Tous les deux déplacements, l'ordonnée du lutin est –120.

JE FAIS LE POINT

	J'ai bien compris et j'ai réussi	Il manque des connaissances → Je revois le cours	Je n'ai pas compris la méthode → Je relis les conseils
EXERCICE 1 → p. 34			
Question	❑	❑	❑
EXERCICE 2 → p. 34			
Question	❑	❑	❑
EXERCICE 3 → p. 35			
Question 1	❑	❑	❑
Question 2	❑	❑	❑
EXERCICE 4 → p. 35			
Question 1	❑	❑	❑
Question 2	❑	❑	❑
Question 3	❑	❑	❑
EXERCICE 5 → p. 36			
Question	❑	❑	❑
EXERCICE 6 → p. 37			
Question 1	❑	❑	❑
Question 2	❑	❑	❑
EXERCICE 7 → p. 38			
Question 1	❑	❑	❑
Question 2	❑	❑	❑

SUJET 4

100 pts*

2H

* Dont 10 points pour la présentation de la copie, l'orthographe, la syntaxe et le vocabulaire.

Exercice 1

12 pts 15 min → Corrigé p. 51

Voici les tailles, en m, des cinq joueurs d'une équipe de basket :
1,95 – 2,08 – 1,98 – 2,14 – 2,05

1 **Pour chacune des affirmations ci-dessous, indiquez si elle est vraie ou fausse en argumentant la réponse.**

Affirmation A : **l'étendue des tailles est 0,1 m.**

Affirmation B : **la taille médiane est supérieure à la taille moyenne.**

2 **Un joueur remplace le joueur qui mesure 1,95 m et la taille moyenne devient alors 2,07 m. Quelle est la taille de ce nouveau joueur ?**

› Je réponds aux questions

1 ……

2 ……

Comprendre l'exercice

- **Notions à revoir :**
  – étendue ;
  – médiane ;
  – moyenne d'une série statistique.

Les conseils du prof !

- Dans un premier temps, rangez les tailles dans l'ordre croissant.
- Cela vous permettra de trouver facilement l'étendue et la médiane.

Si tous les joueurs avaient la même taille, ils mesureraient tous 2,07 m.

Exercice 2

12 pts 20 min → Corrigé p. 51

Voici ce qu'indique le disque dur de Marion :

_OEMBP (D:)

6.35 Go libres sur 11,9 Go

1 **Marion peut-elle installer le jeu CrazyMath, qui pèse 7,8 Go, sur son disque dur ? Si oui, quel espace lui restera-t-il de libre ? Si non, combien d'espace doit-elle libérer ?**

Comprendre l'exercice

- **Notion à revoir :** puissances de 10.

2 **Finalement, Marion renonce à installer le jeu CrazyMath pour pouvoir stocker des épisodes de sa série préférée, dont chaque épisode occupe une place de 400 Mo. Combien d'épisodes Marion pourra-t-elle stocker sur l'espace libre de son disque dur ?**

On rappelle que 1 Go (gigaoctet) = 10^9 octets et 1 Mo (mégaoctet) = 10^6 octets.

› Je réponds aux questions

1 ....

....

....

....

....

2 ....

....

....

....

....

Les conseils du prof !

Analysez attentivement les indications portées sur le disque dur.

Complétez les égalités suivantes : 10^9 = ... × 10^6, donc 1 Go = ... Mo.

Exercice 3

14 pts 20 min → Corrigé p. 51

On a représenté ci-dessous les positions P et P′ d'un avion lors d'une phase d'atterrissage. Dans la position P, l'avion a une altitude de 320 m et il est à 4 500 m du point A d'atterrissage.

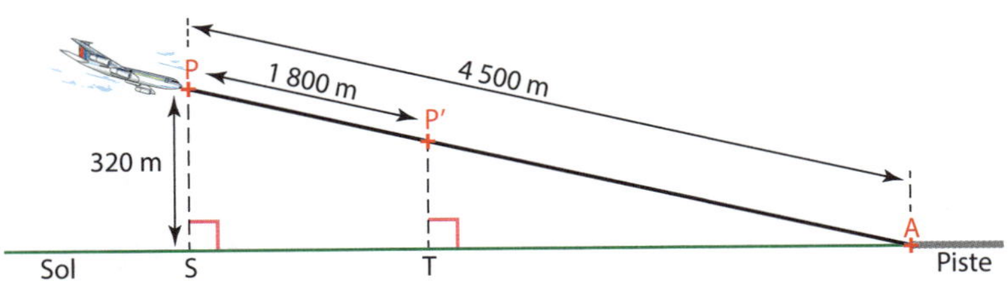

1 **Calculer l'altitude P′T de l'avion lorsqu'il est dans la position P′.**

2 **Calculer la mesure de l'angle $\widehat{PAS}$. Donner une valeur approchée au degré près.**

Comprendre l'exercice

- **Notions à revoir :**
  – théorème de Thalès ;
  – trigonométrie dans un triangle rectangle.

› Je réponds aux questions

1 ....

....

....

....

....

....

2 ....

....

Les conseils du prof !

- Vous pouvez très facilement calculer P'A.
- Utilisez ensuite le théorème de Thalès.
- N'oubliez pas de démontrer que les conditions d'application du théorème de Thalès sont remplies.

Utilisez la trigonométrie dans le triangle APS.

Exercice 4

16 pts — 25 min → Corrigé p. 52

Une entreprise désire commercialiser ces deux types de bougies qui auront le même volume.

Bougie « Pyramide »

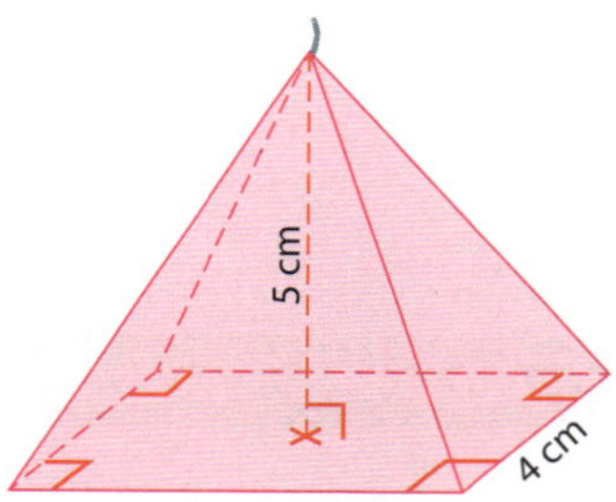

Bougie « Cylindre »

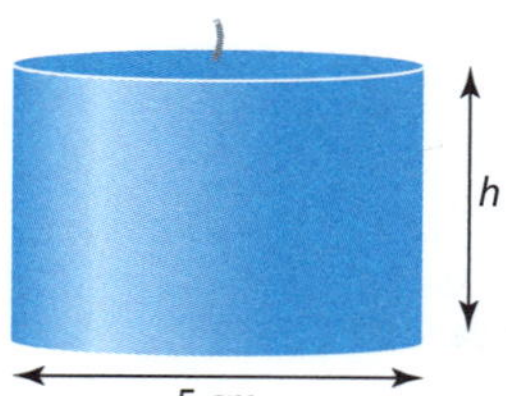

Quelle doit être la hauteur h de la bougie « Cylindre » ?
Donner une valeur approchée au mm près.

On donne :

– volume V d'une pyramide : $V = \dfrac{\text{Aire de la base} \times \text{hauteur}}{3}$;

– volume V d'un cylindre de rayon R et de hauteur h : $V = \pi \times R^2 \times h$.

Comprendre l'exercice

- Dans cet exercice, chacune des étapes intermédiaires sera prise en compte par le correcteur.
- N'hésitez pas à écrire toutes les étapes de votre recherche.

› Je réponds à la question

....

....

....

....

Les conseils du prof !

- Commencez par calculer le volume de la pyramide, puis celui du cylindre en fonction de h.
- Les deux volumes doivent être égaux : cela revient à résoudre une équation.

Exercice 5 **10 pts** 10 min → Corrigé p. 52

Lorsqu'il organise un barbecue, Léo prévoit les $\frac{2}{3}$ d'une baguette de pain par personne.

1 a. **21 personnes sont prévues pour le barbecue organisé pour la fin de l'année scolaire. Combien de baguettes Léo doit-il acheter ?**

b. **Le lendemain, avec la nourriture restante, Léo décide de faire un nouveau barbecue et achète 8 baguettes. Combien de personnes Léo attend-t-il ?**

Le digicode ci-contre commande l'ouverture du portail du jardin de Léo. Le code est composé d'une lettre A ; B ou C suivie d'un chiffre 1 ; 2 ou 3.

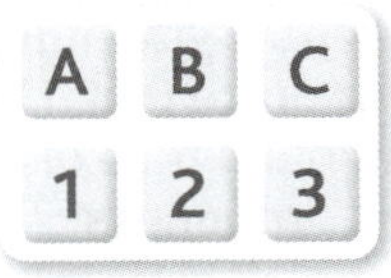

2 a. **Chloé, qui est invitée à un des barbecues, compose au hasard le code A1.
Quelle probabilité a-t-elle d'obtenir le bon code ?**

b. **En tapant ce code A1, Chloé s'est trompée de lettre mais pas de chiffre. Elle change donc ses choix.
Quelle probabilité a-t-elle de trouver le bon code à son deuxième essai ?**

Comprendre l'exercice

- Les questions de cet exercice sont indépendantes.
- La question **1** utilise le calcul numérique.
- La question **2** utilise les probabilités.

› Je réponds aux questions

1 a.

b.

2 a.

b.

Les conseils du prof !

- Pour comprendre les calculs que vous devez effectuer, vous pouvez d'abord raisonner en remplaçant $\frac{2}{3}$ par un nombre « plus simple ».
- Ensuite, vous devrez effectuer ces calculs avec $\frac{2}{3}$.

Commencez par déterminer tous les codes possibles : combien y en a-t-il ?

Exercice 6 **14 pts** 15 min → Corrigé p. 52

Mathis désire faire une croisière. Voici les deux formules qui lui sont proposées :

- *Formule A* : 75 € par jour de croisière.
- *Formule B* : un forfait de 450 €, puis 25 € par jour de croisière.

1 Compléter ce tableau :

Nombre de jours	5	....	x
Prix (en €) avec la formule A	....	900	....
Prix (en €) avec la formule B	....	....	....

2 Avec un budget de 650 €, combien de jours Mathis peut-il partir avec la formule B ?

3 On note f et g les fonctions définies par : $f(x) = 25x + 450$ et $g(x) = 75x$.
Dans le repère ci-dessous, représenter graphiquement les fonctions f et g pour x compris entre 0 et 15. Les unités choisies sont : 1 carreau pour un jour sur l'axe des abscisses et 1 carreau pour 50 € sur l'axe des ordonnées.

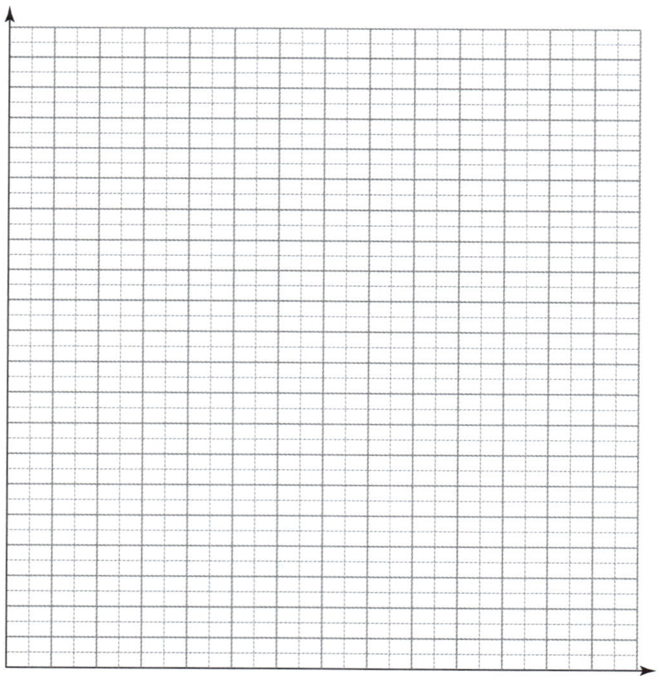

Mathis décide finalement de faire une croisière de 7 jours.

4 Déterminer, par lecture graphique, la formule la plus intéressante pour lui et le prix correspondant.

Comprendre l'exercice

- **Notions à revoir :**
  – fonctions affines ;
  – fonctions linéaires.
- Le jour de l'épreuve, le tracé est souvent à rendre sur une feuille annexe : ne l'oubliez pas !

› Je réponds aux questions

1 *Complétez directement le tableau de la page précédente.*

2

3 *Tracez la courbe directement sur le repère de la page précédente.*

4

Les conseils du prof !

Notez x le nombre de jours.

- La courbe représentative d'une fonction linéaire est une droite qui passe par l'origine.
- Pour tracer la courbe représentative d'une fonction affine, il faut deux points.

Exercice 7

12 pts 15 min → Corrigé p. 53

Des élèves doivent réaliser une animation avec un lutin.
Voici les contraintes de cette animation :

- au début, le lutin doit se positionner au point de coordonnées (–150 ; –50) ;
- tant que son abscisse est inférieure à 50, le lutin doit avancer de 30 toutes les 2 secondes ;
- dès que l'abscisse du lutin est supérieure à 50, il doit s'arrêter et dire pendant 2 secondes « C'est fini ».

1 **Lequel des scripts ci-après respecte les exigences de cette animation ?**

Script 1

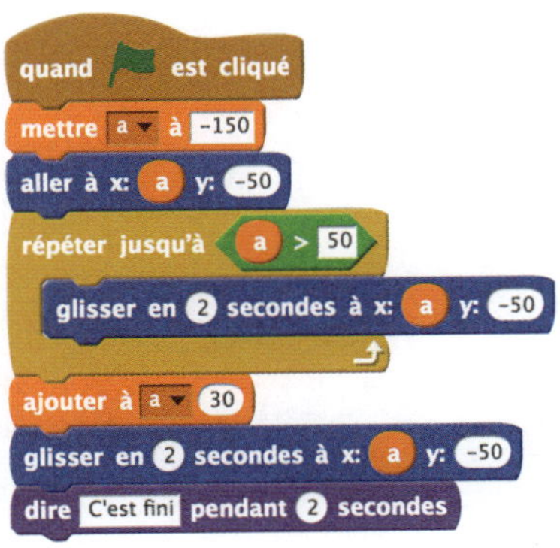

Comprendre l'exercice

- **Notions à revoir :**
  – boucle ;
  – variable.
- Analysez les conditions d'exécution de chaque script, ainsi que le rôle de la variable a.

Script 2

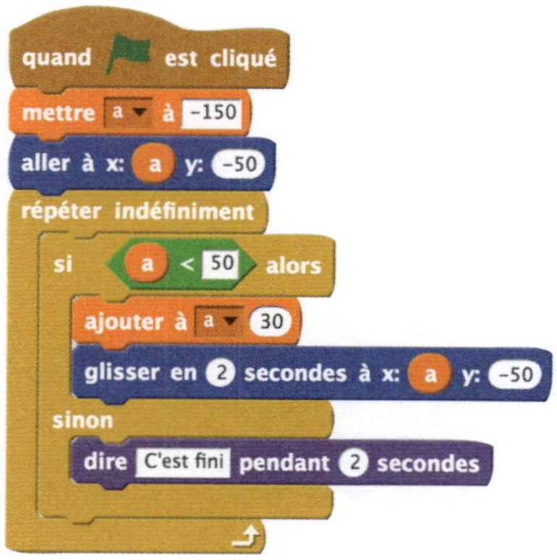

Script 3

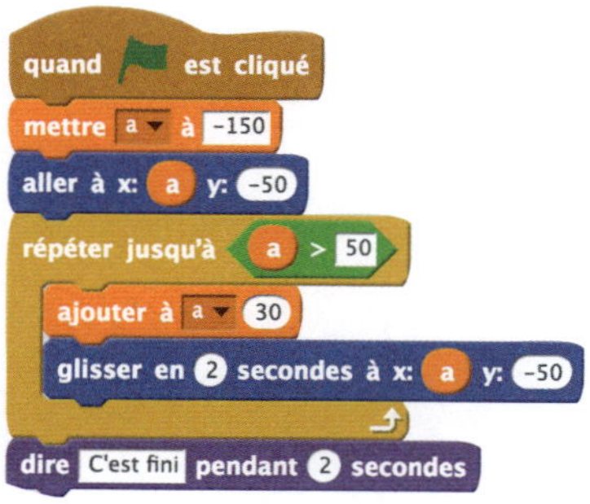

2 Quelle est l'abscisse du lutin à la fin de l'animation ? Expliquer.

3 Combien de temps dure l'animation ? Expliquer.

› Je réponds aux questions

1 ....

....

....

....

2 ....

....

....

....

....

....

....

....

3 ....

....

....

Les conseils du prof !

Vérifiez que chacune des trois contraintes est bien respectée.

- Commencez par calculer l'abscisse du lutin après chaque déplacement.
- Vous pouvez construire un tableau pour vous aider.

Utilisez le travail que vous avez effectué à la question précédente.

Exercice 1 → p. 44

1 • $2{,}14$ m − $1{,}95$ m = $0{,}19$ m. L'étendue des tailles est 0,19 m donc l'affirmation A est **fausse**.

• On range les tailles dans l'ordre croissant :
1,95 – 1,98 – 2,05 – 2,08 – 2,14.
La taille médiane est la troisième taille, soit 2,05 m.

$$\frac{1{,}95 + 1{,}98 + 2{,}05 + 2{,}08 + 2{,}14}{5} = \frac{10{,}2}{5} = 2{,}04.$$

La taille moyenne est 2,04 m.
2,05 m > 2,04 m, donc l'affirmation B est **vraie**.

2 $5 \times 2{,}07 - (2{,}08 + 1{,}98 + 2{,}14 + 2{,}05) = 10{,}35 - 8{,}25 = 2{,}10$.
La taille de ce joueur est 2,10 m.

Je comprends les corrigés

L'étendue est la différence entre la plus grande valeur et la plus petite.

La somme des tailles est égale à $5 \times 2{,}07$.

Exercice 2 → p. 44

1 $6{,}35 < 7{,}8$ donc Marion ne peut pas installer le jeu.
$7{,}8 - 6{,}35 = 1{,}45$, donc Marion doit libérer 1,45 Go.

2 $10^9 = 10^3 \times 10^6$, donc 1 Go = 10^3 Mo = 1 000 Mo.
6,35 Go = 6,35 × 1 000 Mo = 6 350 Mo.
6 350 : 400 = 15,875. Donc Marion pourra stocker 15 épisodes.

On aurait aussi pu calculer :

$$\frac{6{,}35 \times 10^9}{400 \times 10^6} = \frac{6{,}35}{400} \times 10^{9-6} = 15{,}875$$

Exercice 3 → p. 45

1 • P'A = PA − PP' = 4 500 m − 1 800 m = 2 700 m. Donc P'A = 2 700 m.

• Les droites (PS) et (P'T) sont perpendiculaires à la même droite (SA), donc elles sont parallèles.

• Les droites (PP') et (ST) sont sécantes en A et les droites (PS) et (P'T) sont parallèles donc, d'après le théorème de Thalès :

$$\frac{AP'}{AP} = \frac{AT}{AS} = \frac{P'T}{PS}, \text{ c'est-à-dire } \frac{2\,700}{4\,500} = \frac{AT}{AS} = \frac{P'T}{320}.$$

De $\frac{2\,700}{4\,500} = \frac{P'T}{320}$ on déduit : $P'T = 320 \times \frac{2\,700}{4\,500}$.

Donc P'T = 192 m.

Il n'est pas dit dans l'énoncé que les droites (PS) et (P'T) sont parallèles : il faut donc le démontrer.

2 Le triangle APS est rectangle en S.

$$\sin \widehat{PAS} = \frac{PS}{PA} = \frac{320}{4\,500}, \text{ donc } \widehat{PAS} \approx 4°.$$

• Pour l'angle $\widehat{PAS}$, [PS] est le côté opposé et [PA] l'hypoténuse donc on utilise le sinus.

• On tape *Seconde* sin 320 ÷ 4 500 Enter

Exercice 4 → p. 46

Je comprends les corrigés

- Le volume V de la pyramide est $V = \dfrac{4 \text{ cm} \times 6 \text{ cm} \times 5 \text{ cm}}{3} = 40 \text{ cm}^3$.
- 5 cm : 2 = 2,5 cm, donc le rayon R du cylindre est 2,5 cm.
  Le volume V du cylindre est alors $\pi \times 2{,}5^2 \times h$ cm³, soit $6{,}25\pi \times h$ cm³.
- Les deux bougies ont le même volume V donc : $6{,}25\pi \times h = 40$, soit $h = \dfrac{40}{6{,}25\,\pi}$. La hauteur h est environ 2,04 cm.

> La base de la pyramide est un rectangle de côtés 4 cm et 6 cm, donc son aire est 4 cm × 6 cm.

Exercice 5 → p. 47

1 **a.** $\dfrac{2}{3} \times 21 = 2 \times \dfrac{21}{3} = 2 \times 7 = 14$.
Léo doit acheter 14 baguettes.

b. $8 : \dfrac{2}{3} = 8 \times \dfrac{3}{2} = \dfrac{8 \times 3}{2} = \dfrac{24}{2} = 12$.
Léo attend 12 personnes.

> Si Léo prévoyait 2 baguettes par personne, on effectuerait 2 × 21 à la question **a.** et 8 : 2 à la question **b.**

2 **a.** Il y a 9 codes possibles (A1, A2, A3, B1, B2, B3, C1, C2 et C3).
La probabilité que Chloé obtienne le bon code est donc $\dfrac{1}{9}$.

b. Il reste 2 codes possibles : B1 et C1. La probabilité que Chloé obtienne le bon code à son deuxième essai est donc $\dfrac{1}{2}$.

Exercice 6 → p. 48

1 Pour 5 jours de croisière : 5 × 75 = 375 et 450 + 5 × 25 = 575.
Pour 900 €, avec la formule A :

900 : 75 = 12 et 450 + 12 × 25 = 750.

Nombre de jours	5	**12**	x
Prix (en €) avec la formule A	**375**	900	**75x**
Prix (en €) avec la formule B	**575**	**750**	**450 + 25x**

2 On note x le nombre de jours et on obtient l'équation :
$450 + 25x = 650$
$450 - 450 + 25x = 650 - 450$ soit $25x = 200$ et $x = \dfrac{200}{25} = 8$.
Donc avec 650 €, Mathis peut partir 8 jours avec la formule B.

> **On peut aussi utiliser ce schéma :**

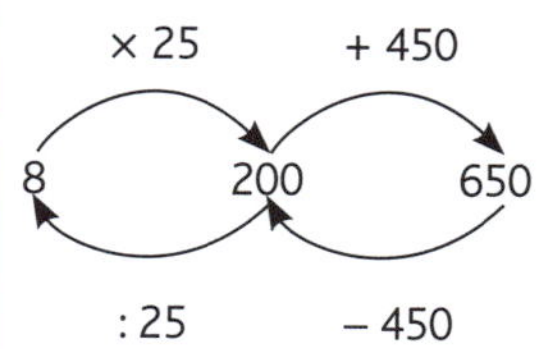

3

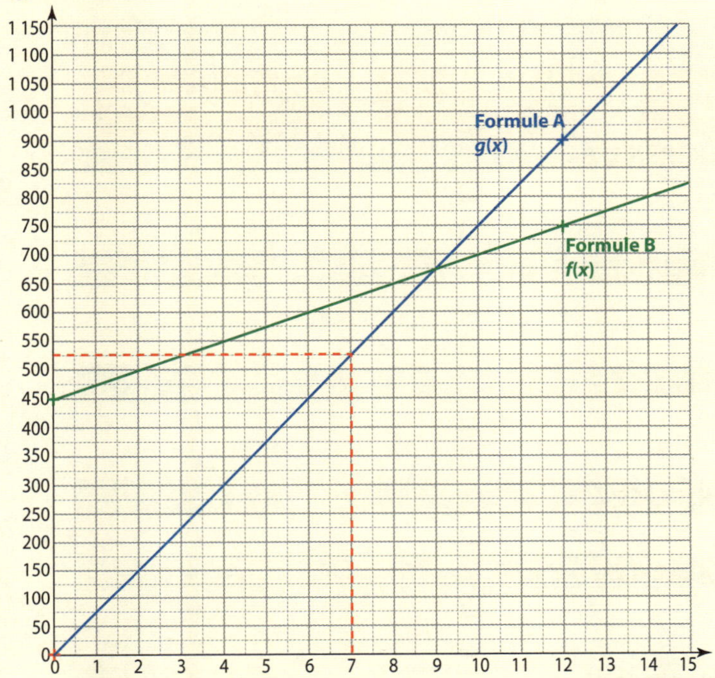

- f est une fonction affine, donc sa représentation graphique est une droite.
- g est une fonction linéaire, donc sa représentation graphique est une droite qui passe par l'origine.
- Pour tracer ces représentations graphiques, on peut utiliser les informations de la question **1** ($f(12) = 750$ et $g(12) = 900$) et remarquer que $f(0) = 450$.

4 On lit (tracé en rouge ci-dessus) que la formule A est la plus intéressante pour 7 jours de croisière et qu'avec cette formule, Mathis payera 525 €.

Exercice 7 → p. 49

1 Le script 3 respecte les consignes. Avec le script 1, le lutin reste immobile au point de coordonnées (–150 ; –50). Avec le script 2, une fois que le lutin est au point de coordonnées (–150 ; –50), il dit sans cesse (et non pendant 2 s) « C'est fini ».

2 On peut construire ce tableau :

	Abscisse
Début	–150
Déplacement 1	–150 + 30 = –120
Déplacement 2	–120 + 30 = –90
Déplacement 3	–90 + 30 = –60
Déplacement 4	–60 + 30 = –30
Déplacement 5	–30 + 30 = 0
Déplacement 6	0 + 30 = 30
Déplacement 7	30 + 30 = 60

L'abscisse du lutin à la fin de l'animation est 60.

- **Autre méthode possible :**
Résoudre l'inéquation $-150 + 30x > 50$ et obtenir $x > \frac{200}{30}$.
$\frac{200}{30} \approx 6{,}6$, donc le lutin doit effectuer 7 déplacements pour que son abscisse soit supérieure à 50.
- $-150 + 7 \times 30 = 60$. Donc l'abscisse du lutin à la fin de l'animation est 60.

3 $7 \times 2 + 2 = 16$, donc l'animation dure 16 s.

JE FAIS LE POINT

	J'ai bien compris et j'ai réussi	Il manque des connaissances → Je revois le cours	Je n'ai pas compris la méthode → Je relis les conseils
EXERCICE 1 → p. 44			
Question 1	❑	❑	❑
Question 2	❑	❑	❑
EXERCICE 2 → p. 44			
Question 1	❑	❑	❑
Question 2	❑	❑	❑
EXERCICE 3 → p. 45			
Question 1	❑	❑	❑
Question 2	❑	❑	❑
EXERCICE 4 → p. 46			
Question	❑	❑	❑
EXERCICE 5 → p. 47			
Question 1	❑	❑	❑
Question 2	❑	❑	❑
EXERCICE 6 → p. 48			
Question 1	❑	❑	❑
Question 2	❑	❑	❑
Question 3	❑	❑	❑
Question 4	❑	❑	❑
EXERCICE 7 → p. 49			
Question 1	❑	❑	❑
Question 2	❑	❑	❑
Question 3	❑	❑	❑

SUJET 5

100 pts* — 2H

* Dont 10 points pour la présentation de la copie, l'orthographe, la syntaxe et le vocabulaire.

Exercice 1 12 pts 15 min → Corrigé p. 63

On considère le programme de calcul ci-contre :

- Choisir un nombre.
- Ajouter 5.
- Multiplier par le nombre de départ.
- Soustraire le carré du nombre de départ.

1 Vérifier que, si l'on choisit 7, on obtient 35.

2 Quel nombre obtient-on si l'on choisit :

a. -8 ? b. 10^{-2} ?

Louise est capable de calculer mentalement le nombre obtenu avec ce programme.

3 a. Comment Louise s'y prend-elle ?

b. Démontrer que la méthode de Louise fonctionne quel que soit le nombre choisi au départ.

Comprendre l'exercice

- **Notion à revoir :** calcul numérique.
- À la dernière question, on attend une démonstration, qui fait intervenir le calcul littéral.

› Je réponds aux questions

1 ....

....

2 a. ....

....

....

b. ....

....

....

3 a. ....

....

b. ....

....

....

....

Les conseils du prof !

Veillez à reprendre chacune des étapes du programme de calcul.

- Le carré d'un nombre négatif est un nombre positif.
- Vous pouvez utiliser l'écriture décimale de 10^{-2}.

À partir des trois exemples précédents, étudiez comment on peut passer du nombre choisi au nombre obtenu.

- **Attention**, des exemples ne suffisent pas.
- Notez x le nombre choisi, puis exprimez le nombre obtenu en fonction de x.
- Développez, puis réduisez l'expression obtenue.

Exercice 2

12 pts 20 min → Corrigé p. 63

On s'intéresse à la trajectoire d'une balle lors d'un lancer.
La courbe ci-dessous représente la hauteur (en m) en fonction de la distance horizontale (en m) parcourue par la balle.

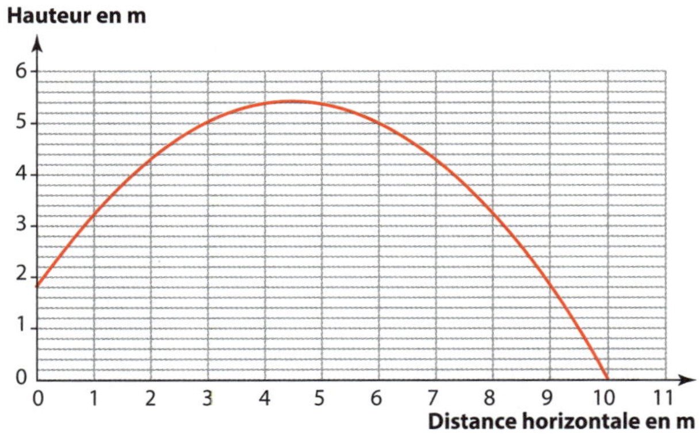

1 En utilisant la courbe, répondre aux questions suivantes :

a. Quelle est la distance obtenue pour ce lancer ?

b. À quelle hauteur la balle a-t-elle été lâchée par le lanceur ?

c. Quelle semble être la hauteur maximale atteinte par la balle ?

La courbe ci-dessus représente la fonction f définie par :

$$f(x) = -0{,}18x^2 + 1{,}62x + 1{,}8.$$

2 Répondre aux questions suivantes à l'aide de calculs.

a. Calculer $f(10)$. Que signifie ce résultat pour la balle ?

b. Calculer la hauteur exacte à laquelle la balle a été lancée.

Comprendre l'exercice

- **Notion à revoir :** fonctions.
- La question **1** fait intervenir la lecture et la compréhension du graphique.
- À la question **2**, $f(x)$ désigne la hauteur de la balle.

› Je réponds aux questions

1 a. ……………………………………………………

b. ……………………………………………………

……………………………………………………

c. ……………………………………………………

2 a. ……………………………………………………

……………………………………………………

b. ……………………………………………………

……………………………………………………

Les conseils du prof !

- Avant toute chose, déterminez la valeur d'une graduation sur chaque axe.
- Sur l'axe des ordonnées, 1 unité est partagée en 5.

Remplacez x par 10 dans l'expression de $f(x)$.

La hauteur à laquelle la balle a été lancée correspond à une certaine valeur de $f(x)$.

Exercice 3

12 pts — 20 min → Corrigé p. 63

Un chocolatier a fabriqué 90 œufs et 144 poissons en chocolat. Il souhaite vendre des assortiments d'œufs et de poissons de sorte que :

- tous les paquets aient la même composition ;
- après mise en paquet, il ne reste ni œufs, ni poissons.

1 a. Le chocolatier peut-il faire 15 paquets ? Justifier.

b. Quel est le nombre maximal de paquets que le chocolatier peut réaliser ? Expliquer. Quel est alors le contenu d'un paquet ?

2 À l'aide des informations ci-dessous, calculer le coût du chocolat utilisé pour un œuf.

- Les œufs ont la forme d'une boule pleine de 3 cm de diamètre.
- 1 cm^3 de chocolat pèse 1,2 g.
- Volume V d'une boule de rayon R : $V = \frac{4}{3} \times \pi \times R^3$.
- 1 kg de chocolat coûte 12,90 €.

Comprendre l'exercice

- **Notions à revoir :**
  – diviseurs ;
  – décomposition d'un nombre en facteurs premiers.
- À la question **2**, même si vous ne trouvez pas la réponse, écrivez toutes les traces de vos recherches.

› Je réponds aux questions

1 a. ....

b. ....

2 ....

Les conseils du prof !

- Le nombre de paquets doit diviser à la fois 90 et 144 et ce nombre doit être le plus grand possible.
- Vous pouvez décomposer 90 et 144 en produits de facteurs premiers.

- **Attention**, vous avez besoin du rayon de l'œuf en chocolat pour calculer son volume !
- Vous pouvez convertir la masse d'un œuf en kg (1 kg = 1 000 g).

Exercice 4

12 pts 15 min → Corrigé p. 64

Lors d'un séisme, les stations d'observation enregistrent deux types d'ondes sismiques : P et S. Dans certains cas, la distance d (en km) qui sépare la station d'observation de l'épicentre du séisme est donnée par la formule :

$d = 8 \times (t_S - t_P)$, où t_S et t_P sont les heures d'arrivée respectives des ondes S et P.

La différence de temps est exprimée en secondes.

1 Lors d'un séisme, la station de Tahiti a relevé :
t_S = 3 h 15 min 7 s et t_P = 3 h 13 min 56 s.
À quelle distance de cette station était situé l'épicentre du séisme ?

2 Le 15 janvier, un séisme a déclenché un tsunami (c'est-à-dire une vague géante) dans l'océan Pacifique.

À l'aide des documents ci-dessous, déterminer l'heure à laquelle la vague devrait atteindre Tahiti.

DOC. 1 Le séisme

- Le séisme a eu lieu à 8 h 48 min 34 s.
- L'épicentre était situé à 6 000 km de Tahiti.

DOC. 2 La vague

La vitesse moyenne de la vague est d'environ 800 km/h.

› Je réponds aux questions

1 ....

....

....

....

....

....

2 ....

....

....

....

....

....

Comprendre l'exercice

- **Notions à revoir :**
  – vitesse moyenne ;
  – calcul de durées.

Les conseils du prof !

- Il suffit de calculer $t_S - t_P$ et d'exprimer cette différence en secondes.
- 1 min = 60 s.

- Calculez, dans un premier temps, la durée nécessaire à la vague pour atteindre Tahiti.
- Utilisez la relation $d = v \times t$ pour calculer cette durée.

Exercice 5

14 pts | 15 min → Corrigé p. 64

Un an après avoir effectué des travaux, un magasin a réalisé une étude pour observer l'évolution du nombre de clients.
Voici le résumé de cette étude :

Magasin « L'épicerie de Lola »

- À présent, le magasin est ouvert tous les jours sauf le dimanche.
- En semaine, le nombre moyen de clients est de 160 clients par jour.
- Le samedi, le nombre de clients augmente de 40 % par rapport à un jour de semaine.
- Depuis les travaux, le nombre de clients a augmenté de 28 %.

1 **Actuellement, en moyenne, combien de clients fréquentent le magasin le samedi ? Chaque semaine ?**

2 **Quel pourcentage de la clientèle représentent les clients du samedi ?**

3 **Avant les travaux, combien de clients fréquentaient en moyenne le magasin chaque semaine ?**

› Je réponds aux questions

1 ……………………………………………………………

……………………………………………………………

……………………………………………………………

……………………………………………………………

2 ……………………………………………………………

……………………………………………………………

……………………………………………………………

……………………………………………………………

3 ……………………………………………………………

……………………………………………………………

……………………………………………………………

……………………………………………………………

Comprendre l'exercice

- **Notion à revoir :** pourcentages.
- « En semaine » signifie lundi, mardi, mercredi, jeudi ou vendredi.

Les conseils du prof !

- Calculez, dans un premier temps, 40 % de 160.
- Le magasin est ouvert le samedi et 5 autres jours.

Cela revient à exprimer la proportion :
$$\frac{\text{Nombre de clients le samedi}}{\text{Nombre de clients en une semaine}}$$
avec un dénominateur égal à 100.

- On ne peut pas ici prendre 28 % de la fréquentation actuelle.
- La fréquentation a augmenté de 28 %, donc elle a été multipliée par 1,28.

Exercice 6

16 pts 20 min → Corrigé p. 65

ABC est un triangle tel que AB = 6 cm et M est un point du segment [AB]. Avec un logiciel de géométrie, on étudie différentes configurations de cette figure.

1 **Dans cette question, le triangle ABC est rectangle isocèle en C et M est le point de [AB] tel que les droites (CM) et (AB) soient perpendiculaires.**

a. Expliquer pourquoi le triangle ACM est isocèle.

b. Calculer l'aire du triangle ABC.

c. Calculer une valeur approchée au dixième près de la longueur AC.

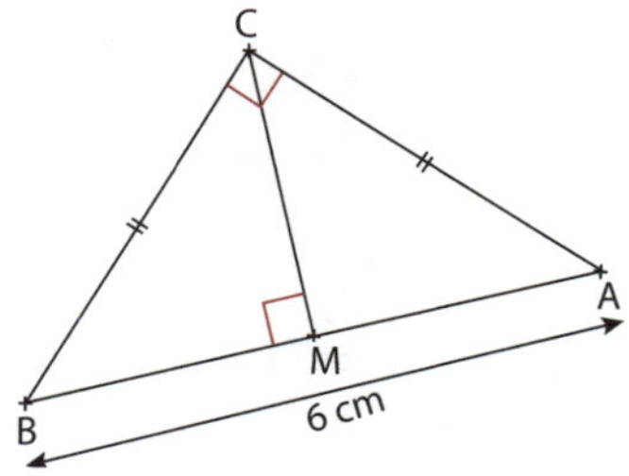

2 **Dans cette question on a : BC = 2,6 cm et AC = 4,4 cm.**

Où doit-on placer le point M sur le segment [AB] pour que les triangles ACM et BCM aient le même périmètre ?

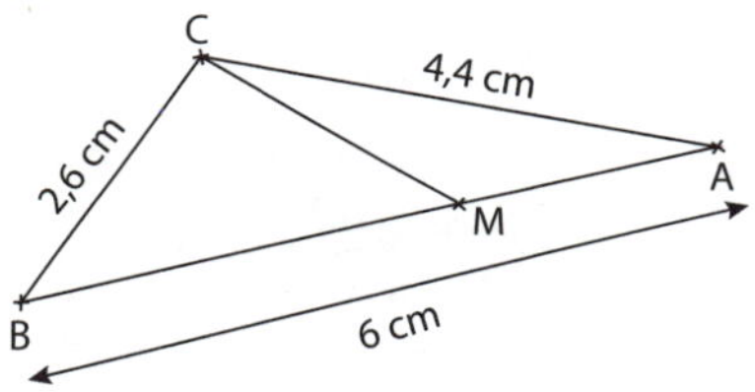

Comprendre l'exercice

- Cet exercice utilise de nombreuses **notions de géométrie** vues tout au long du collège :
– la somme des angles d'un triangle ;
– la formule de l'aire d'un triangle ;
– le théorème de Pythagore.

› Je réponds aux questions

1 **a.** ....

....

....

....

b. ....

....

....

c. ....

....

....

2 ....

....

....

....

....

Les conseils du prof !

- Calculez les mesures des angles du triangle ACM.
- Un triangle qui a deux angles de même mesure est un triangle isocèle.

- L'aire d'un triangle est $\frac{\text{côté} \times \text{hauteur}}{2}$.
- Complétez l'égalité : CM = AM = BM= ...

Utilisez le théorème de Pythagore dans le triangle ACM.

Exercice 7

12 pts 15 min → Corrigé p. 65

Voici le travail réalisé par Anaïs avec le logiciel Scratch.

- **La scène**

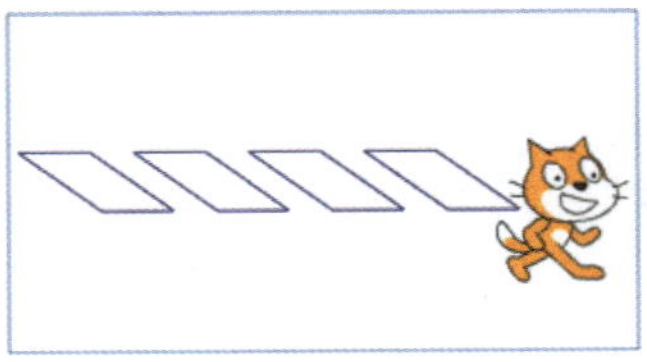

- **Le script**

1 **Quelle est la nature du quadrilatère dessiné par le bloc « Motif » ? Quelle propriété permet d'affirmer cela ?**

2 **Quelles sont les coordonnées du lutin à la fin du script ?**

Au début, Anaïs avait inversé les deux briques ci-contre.

3 **Sur la scène ci-dessus, dessiner ce qu'elle avait alors obtenu avec ce script.**

Comprendre l'exercice

- **Notion à revoir :** propriétés du parallélogramme.
- À la fin du bloc « Motif », le lutin est revenu à son point de départ (au début du bloc).

› Je réponds aux questions

1 ....

....

....

....

2 ....

....

....

....

....

3 *Complétez directement le dessin de la scène ci-dessus.*

Les conseils du prof !

Vous pouvez étudier les côtés opposés de ce quadrilatère.

Complétez la phrase suivante : « Le stylo était alors en position d'écriture entre ... »

Exercice 1 → p. 56

Je comprends les corrigés

1 $7 \to 7 + 5 = 12 \to 12 \times 7 = 84 \to 84 - 7^2 = 84 - 49 = 35$.
Si on choisit 7, on obtient bien **35**.

2 **a.** $-8 \to -8 + 5 = -3 \to (-3) \times (-8) = 24 \to 24 - (-8)^2$.
$= 24 - 64 = -40$
Si on choisit -8, on obtient **-40**.

> Le carré de – 8 est 64.

b. $10^{-2} = 0{,}01 \to 0{,}01 + 5 = 5{,}01 \to 0{,}01 \times 5{,}01 = 0{,}0501$
$\to 0{,}0501 - 0{,}01^2 = 0{,}0501 - 0{,}0001 = 0{,}05$.
Si on choisit 10^{-2} on obtient **0,05**.

> Ici, il est plus simple d'utiliser l'écriture décimale de 10^{-2}.

3 **a.** Louise a remarqué que $35 = 5 \times 7$; $-40 = 5 \times (-8)$ et $0{,}05 = 5 \times 0{,}01 = 5 \times 10^{-2}$.
Louise multiplie le nombre choisi par 5.

b. On note x le nombre choisi :
$x \to x + 5 \to (x + 5) \times x \to (x + 5) \times x - x^2$
Le nombre obtenu est alors $(x + 5) \times x - x^2$.
Or $(x + 5) \times x - x^2 = x^2 + 5x - x^2 = 5x$. Quel que soit le nombre x choisi, le nombre obtenu est $5x$, soit 5 fois le nombre choisi.

> • Des exemples ne suffisent pas, d'où l'introduction d'une lettre pour désigner le nombre choisi.
> • C'est $x + 5$ et non 5 qui est multiplié par x, donc on met des parenthèses autour de $x + 5$.

Exercice 2 → p. 57

1 **a.** La distance obtenue pour ce lancer est 10 m.

b. Sur l'axe des ordonnées, 1 unité est partagée en 5 et $1 : 5 = 0{,}2$.
Donc un carreau correspond à 0,2 m et la balle est lancée à 1,80 m de hauteur.

c. La hauteur maximale atteinte par le poids semble être d'environ 5,4 m.

2 **a.** $f(10) = -0{,}18 \times 10^2 + 1{,}62 \times 10 + 1{,}8$
$f(10) = -0{,}18 \times 100 + 1{,}62 \times 10 + 1{,}8 = -18 + 16{,}2 + 1{,}8 = 0$.
La balle retombe à 10 m de l'endroit où elle a été lancée.

> • $-0{,}18 \times 10^2 = -0{,}18 \times 10 \times 10$.
> • $f(10) = 0$ signifie que la balle est à 0 m de hauteur : elle touche le sol.

b. $f(0) = -0{,}18 \times 0^2 + 1{,}62 \times 0 + 1{,}8 = 1{,}8$.
Donc la balle a été lancée à exactement 1,80 m de hauteur.

> La hauteur à laquelle la balle est lancée correspond à $f(0)$.

Exercice 3 → p. 58

1 **a.** $90 : 15 = 6$ mais $144 : 15 = 9{,}6$, donc le chocolatier ne peut pas faire 15 paquets.

b. • Le nombre de paquets doit diviser à la fois 90 et 144, donc ce nombre est un diviseur commun de 90 et 144. Comme ce nombre doit être le plus grand possible, il s'agit du plus grand diviseur commun à 90 et 144. Pour déterminer ce plus grand diviseur commun, on décompose 90 et 144 en produits de facteurs premiers.

> Les facteurs premiers communs aux deux décompositions sont 2, 3 et 3, donc le plus grand diviseur commun à 90 et 144 est $2 \times 3 \times 3$.

$90 = 10 \times 9 = 2 \times 5 \times 3 \times 3$ et

$144 = 2 \times 72 = 2 \times 2 \times 36 = 2 \times 2 \times 2 \times 3 \times 2 \times 3$.

Donc $90 = \mathbf{2 \times 3 \times 3} \times 5$ et $144 = 2 \times 2 \times 2 \times \mathbf{2 \times 3 \times 3}$.

Le plus grand diviseur commun à 90 et 144 est $2 \times 3 \times 3$, soit 18.
Le chocolatier peut réaliser au maximum 18 paquets.

- 90 : 18 = 5 et 144 : 18 = 8. Donc un paquet contient 5 œufs et 8 poissons.

2 • **Calcul du volume V d'un œuf :**

$R = \dfrac{3\text{ cm}}{2}$ et $V = \dfrac{4}{3} \times \pi \times 1{,}5^3$. Donc $V \approx 14\text{ cm}^3$.

- **Calcul de la masse d'un œuf :**
  $14 \times 1{,}2\text{ g} = 16{,}8\text{ g}$. Un œuf pèse environ 16,8 g.
- **Calcul du coût du chocolat :**
  16,8 g = 0,0168 kg. $0{,}0168 \times 12{,}9$ € $\approx 0{,}22$ €.
  Donc le coût du chocolat utilisé pour un œuf est environ 0,22 €.

Je comprends les corrigés

- 1 cm³ pèse 1,2 g, donc 14 cm³ pèsent 14 fois plus, soit $14 \times 1{,}2$ g.
- On aurait pu aussi remarquer que 1 g de chocolat coûte 0,0129 €.

Exercice 4 → p. 59

1 3 h 15 min 7 s – 3 h 13 min 56 s = 1 min 11 s = 71 s
donc $t_S - t_P = 71$ s.
$8 \times 71 = 568$, donc l'épicentre du séisme était situé à 568 km de la station.

On peut aussi construire ce schéma :

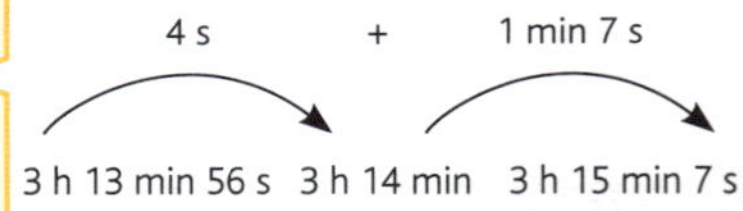

2 $d = v \times t$, c'est-à-dire $6\,000 = 800 \times t$. Donc $t = \dfrac{6\,000}{800}$.
La vague met 7,5 h soit 7 h 30 min pour atteindre Tahiti.
8 h 48 min 34 s + 7 h 30 min = 15 h 78 min 34 s = 16 h 18 min 34 s.
La vague devrait atteindre Tahiti à 16 h 18 min 34 s.

On ajoute la durée obtenue à l'heure à laquelle s'est déclenché le séisme.

Exercice 5 → p. 60

1 • $\dfrac{40}{100} \times 160 = 64$ et $160 + 64 = 224$.
Donc, en moyenne, 224 clients fréquentent le magasin le samedi.

- $5 \times 160 + 224 = 1\,024$. Donc, actuellement, 1024 clients fréquentent le magasin chaque semaine.

Le magasin est ouvert 5 jours par semaine, en plus du samedi.

2 $\dfrac{224}{1024} = 0{,}21875 = \dfrac{21{,}875}{100}$.
Donc les clients du samedi représentent 21,875 % de la clientèle.

Cela revient aussi à chercher la valeur de x dans l'égalité $\dfrac{224}{1024} = \dfrac{x}{100}$.

3 Augmenter une quantité de 28 % revient à la multiplier par $1 + \dfrac{28}{100}$, c'est-à-dire par 1,28. Depuis les travaux, le nombre de clients a donc été multiplié par 1,28.
1 024 : 1,28 = 800. Donc, avant les travaux, 800 personnes fréquentaient le magasin chaque semaine.

Le nombre y de clients a été multiplié par 1,28. On cherche donc la valeur du nombre y tel que $1{,}28 \times y = 1\,024$.

Exercice 6 → p. 61

1 a. Le triangle ABC est un triangle rectangle isocèle en B, donc $\widehat{BAC} = 45°$. D'où $\widehat{MAC} = 45°$. La somme des angles du triangle ACM est égale à 180° donc :

$\widehat{MAC} = 180° - (\widehat{MAC} + \widehat{AMC}) = 180° - (45° + 90°)$
$= 180° - 135° = 45°.$

$\widehat{MCA} = \widehat{MAC} = 45°$, donc le triangle ACM est isocèle en M.

b. On montre de même que le triangle BCM est isocèle en M donc BM = MC = MA. Comme BM = AM, on en déduit que M est le milieu de [AB] donc $BM = \frac{AB}{2}$; c'est-à-dire $BM = \frac{6 \text{ cm}}{2} = 3$ cm. D'où MC = 3 cm.

Aire de ABC $= \frac{AB \times MC}{2} = \frac{6 \times 3}{2} = 9$. Donc l'aire du triangle ABC est 9 cm².

c. Le triangle AMC est rectangle en M donc, d'après le théorème de Pythagore :
$AC^2 = AM^2 + MC^2 = 3^2 + 3^2 = 18$ et $AC = \sqrt{18}$ cm.
Donc $AC \approx 4{,}2$ cm.

> • On peut aussi utiliser les valeurs exactes de AC et CB :
> $AC = CB = \sqrt{18}$ cm.
> • On a ensuite :
> Aire de ABC $= \frac{AC \times CB}{2}$
> $= \frac{\sqrt{18} \times \sqrt{18}}{2} = 9 \text{ cm}^2$

> On pouvait aussi calculer la valeur exacte de AC avec le théorème de Pythagore dans le triangle ABC.

2 On note x la longueur AM. Le périmètre du triangle ACM est $x + 4{,}4 + MC$ et le périmètre du triangle BCM est $6 - x + 2{,}6 + MC$. D'où l'équation :

$$x + 4{,}4 + MC = 6 - x + 2{,}6 + MC$$
$$x + 4{,}4 + MC = 8{,}6 - x + MC$$
$$x + 4{,}4 + MC - MC = 8{,}6 - x + MC - MC$$
$$x + 4{,}4 = 8{,}6 - x$$
$$x + x + 4{,}4 = 8{,}6 - x + x$$

$$2x + 4{,}4 = 8{,}6$$
$$2x + 4{,}4 - 4{,}4 = 8{,}6 - 4{,}4$$
$$2x = 4{,}2$$
$$\frac{2x}{2} = \frac{4{,}2}{2}$$
$$x = 2{,}1$$

Le point M doit être situé à 2,1 cm de A.

Exercice 7 → p. 62

1 Le quadrilatère a ses côtés opposés deux à deux de même longueur (40 pixels et 70 pixels), donc c'est un parallélogramme.

2 L'abscisse du lutin à la fin du script est $-150 + 4 \times 80$ soit 170. L'ordonnée du lutin à la fin du script est 0. Donc les coordonnées du lutin à la fin du script sont (170 ; 0).

> **Autre méthode possible :**

	x	y
Départ	−150	0
1	−150 + 80 = 70	0
2	−70 + 80 = 10	0
3	10 + 80 = 90	0
4	90 + 80 = 170	0

3

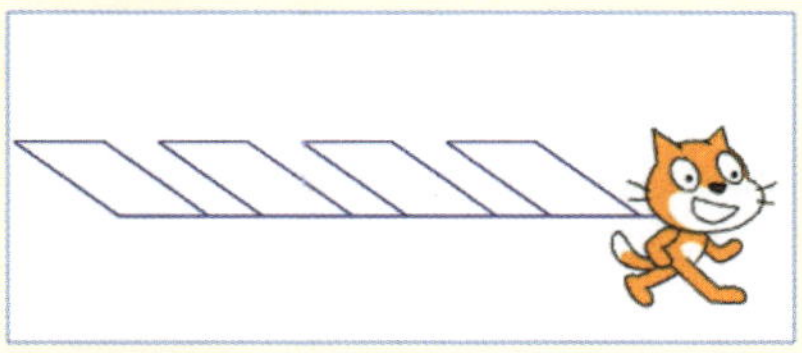

> Le stylo est relevé puis, immédiatement après, remis en position d'écriture.

JE FAIS LE POINT

	J'ai bien compris et j'ai réussi	Il manque des connaissances → Je revois le cours	Je n'ai pas compris la méthode → Je relis les conseils
EXERCICE 1 → p. 56			
Question 1	❑	❑	❑
Question 2	❑	❑	❑
Question 3	❑	❑	❑
EXERCICE 2 → p. 57			
Question 1	❑	❑	❑
Question 2	❑	❑	❑
EXERCICE 3 → p. 58			
Question 1	❑	❑	❑
Question 2	❑	❑	❑
EXERCICE 4 → p. 59			
Question 1	❑	❑	❑
Question 2	❑	❑	❑
EXERCICE 5 → p. 60			
Question 1	❑	❑	❑
Question 2	❑	❑	❑
Question 3	❑	❑	❑
EXERCICE 6 → p. 61			
Question 1	❑	❑	❑
Question 2	❑	❑	❑
EXERCICE 7 → p. 62			
Question 1	❑	❑	❑
Question 2	❑	❑	❑
Question 3	❑	❑	❑

SUJET 6

100 pts* 2H

* Dont 10 points pour la présentation de la copie, l'orthographe, la syntaxe et le vocabulaire.

Exercice 1 – QCM

12 pts 15 min → Corrigé p. 74

Dans ce questionnaire à choix multiple, pour chaque question, des réponses sont proposées. Une seule est exacte. Pour chacune des questions, entourer la bonne réponse. Aucune justification n'est attendue.

1 La forme développée de $(x-3)^2$ est :

a. $x^2 - 9$;
c. $x^2 - 6x + 9$;
b. $x^2 - 3x + 9$;
d. $x^2 - 6x - 9$.

2 f est la fonction définie par $f(x) = 3x - 4$. Alors...

a. $f(8) = 34$;
c. l'antécédent de 11 est 5 ;
b. l'image de 11 est 5 ;
d. f est une fonction linéaire.

3 L'aire de ce triangle rectangle ABC est :

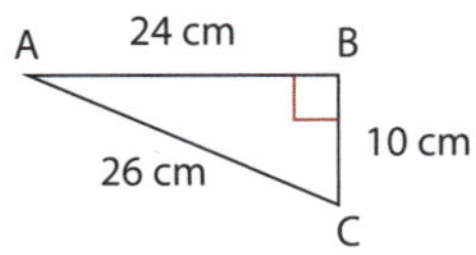

a. 60 cm² ;
c. 240 cm² ;
b. 120 cm² ;
d. 3 120 cm².

4 Quand on triple le rayon d'une boule, son volume est multiplié par :

a. 3 ; b. 9 ; c. 27 ; d. π

Exercice 2

10 pts 10 min → Corrigé p. 74

Dans le collège de Noah, 52,5 % des 640 élèves sont soit en 4e soit en 3e.

1 Compléter le tableau des effectifs de ce collège :

	Garçons	Filles	Total
6e et 5e	150	....	....
4e et 3e	160	....	....
Total	....	....	640

Pour représenter le collège lors d'une cérémonie, on choisit au hasard deux élèves : un dans les classes de 6e et 5e et l'autre dans les classes de 4e et de 3e.

2 La probabilité qu'une fille soit choisie dans les classes de 6e et de 5e est-elle supérieure à la probabilité qu'une fille soit choisie dans les classes de 4e et de 3e ?

› Je réponds aux questions

1 *Complétez directement sur le tableau ci-dessus.*

Comprendre l'exercice

- **Notions à revoir :**
– identités remarquables ;
– fonctions affines ;
– formule de l'aire d'un triangle ;
– effet d'un agrandissement sur les volumes.

Les conseils du prof !

À la question **2**, pour les 3 premières propositions, vous pouvez calculer l'image du nombre.

À la question **4**, par quoi sont multipliés les volumes dans un agrandissement de rapport k ?

Comprendre l'exercice

- **Notions à revoir :**
– pourcentages ;
– probabilités ;
– effectif.

Les conseils du prof !

Commencez par calculer 52,5 % de 640, puis complétez le tableau en effectuant uniquement des additions et des soustractions.

2 ....

Les conseils du prof !

Vous devez calculer les 2 probabilités, puis les comparer.

Exercice 3

12 pts 15 min → Corrigé p. 75

Comprendre l'exercice

- **Notions à revoir :**
– nombres premiers ;
– diviseurs ;
– multiples ;
– critères de divisibilité.

La planète Mars possède deux petits satellites naturels : Phobos et Déimos.

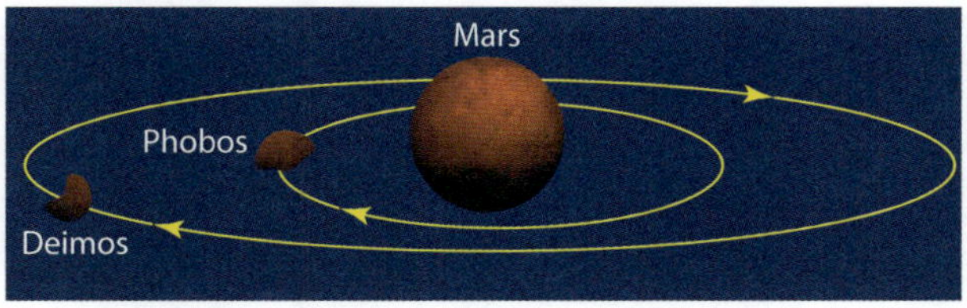

Phobos met 459 min pour faire le tour complet de Mars, tandis que Déimos met 1 818 min.

1 **Recopier et compléter cette décomposition en produit de facteurs premiers de 1 818 :**
1 818 = ... × ... × ... × 101.

Lucie, passionnée d'astronomie, a observé qu'à cet instant, Mars, Phobos et Déimos étaient alignés.

2 **a. Dans combien de minutes Lucie pourra-t-elle de nouveau observer cet alignement ?**
b. Exprimer cette durée en jours, heures et minutes.

› Je réponds aux questions

Les conseils du prof !

1 ....

Vous pouvez utiliser les critères de divisibilité.

2 **a.** ....

Déterminez le plus petit multiple commun à 459 et 1 818.

b. ....

- Exprimez dans un premier temps la durée en heures et minutes.
- 1 jour = 24 heures.

Exercice 4

12 pts | 15 min | → Corrigé p. 75

On a réalisé avec un logiciel de géométrie la figure ci-contre, sur laquelle les droites (AH) et (MS) sont sécantes en T.

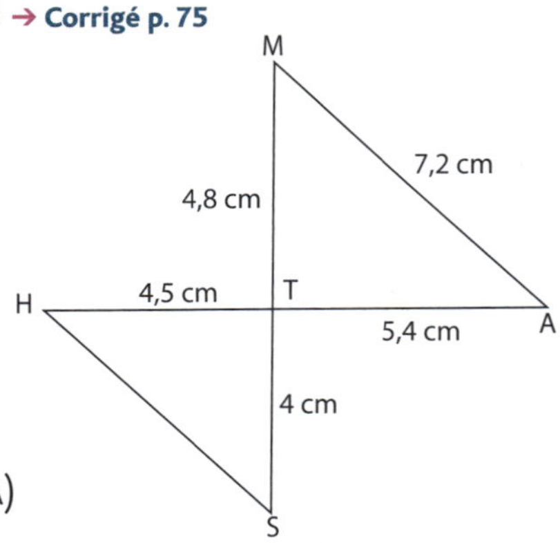

Dans chaque cas, dire si l'affirmation est vraie ou fausse. Justifier les réponses.

1. **Affirmation A** : les droites (MA) et (SH) sont parallèles.
2. **Affirmation B** : le quadrilatère MASH est un parallélogramme.
3. **Affirmation C** : les droites (MS) et (HA) sont perpendiculaires.
4. **Affirmation D** : HS = 6 cm

Comprendre l'exercice

- **Notions à revoir :**
  – théorème de Thalès et sa réciproque ;
  – réciproque du théorème de Pythagore ;
  – propriétés des parallélogrammes.
- L'énoncé demande explicitement de justifier les réponses.

› Je réponds aux questions

1. ……………………………………………

……………………………………………

……………………………………………

……………………………………………

2. ……………………………………………

……………………………………………

……………………………………………

3. ……………………………………………

……………………………………………

……………………………………………

……………………………………………

4. ……………………………………………

……………………………………………

……………………………………………

……………………………………………

Les conseils du prof !

- Utilisez la réciproque du théorème de Thalès.
- Pour cela, il faut comparer deux rapports.

Vous pouvez étudier les diagonales du quadrilatère MASH.

Vous pouvez à présent utiliser le théorème de Thalès.

Exercice 5

16 pts — 25 min → Corrigé p. 76

Un club de sport organise un concert pour financer ses déplacements.
La recette s'élève à 2 480 €.
Dans le public, il y a 80 adultes et 80 enfants.
Le tarif enfant coûte 5 € de moins que le tarif adulte.

Quel est le tarif enfant ?

› Je réponds à la question

....

....

....

....

....

....

Comprendre l'exercice

- **Notions à revoir :**
  - mise en équation d'un problème ;
  - résolution d'une équation.

Les conseils du prof !

Vous pouvez modéliser la situation par une équation ou utiliser un schéma.

Exercice 6

14 pts — 20 min → Corrigé p. 76

Le graphique ci-dessous donne la variation de la pression atmosphérique en hPa (hectopascals), en fonction de l'altitude en m.

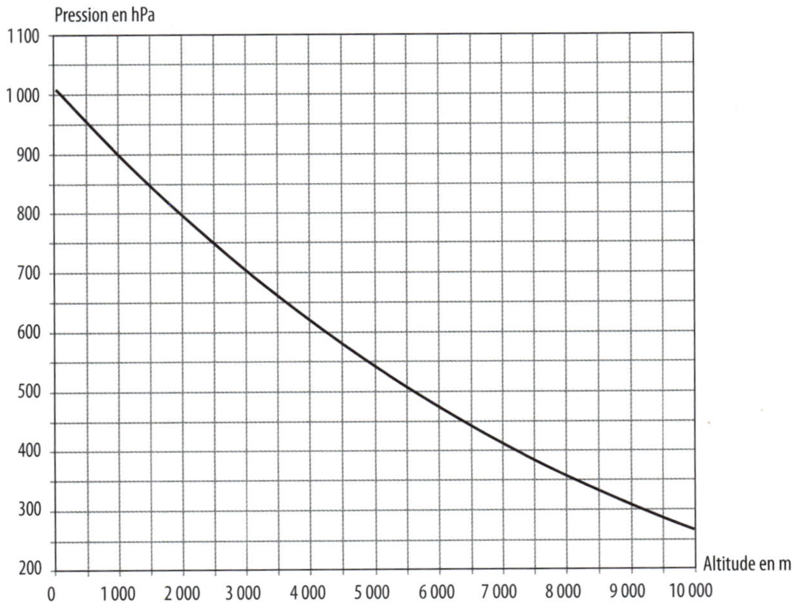

1 **La pression atmosphérique est-elle proportionnelle à l'altitude ? Justifier.**

Comprendre l'exercice

- Cet exercice nécessite de bien savoir lire un graphique et de savoir relier graphique et situations de proportionnalité.
- On vous demande de bien laisser visibles, sur le graphique, les tracés qui vous ont permis de répondre : ils seront pris en compte par le correcteur.

2 Pour les questions suivantes, laisser sur le graphique les tracés apparents.
On répondra avec la précision permise par le graphique.

a. **Quelle est la pression atmosphérique**
- **au niveau de la mer ?**
- **au sommet du Mont-Blanc (altitude 4 807 m) ?**

Quand on se trouve sur la commune de Divonne-les-Bains, la pression atmosphérique peut varier de 850 hPa à 950 hPa.

b. **Donner l'altitude minimale et l'altitude maximale de cette commune de Haute-Savoie.**

En Bolivie, un téléphérique permet de relier la capitale La Paz, où la pression atmosphérique est de 650 hPa, à la ville d'El Alto, située 500 m plus haut.

c. **De combien diminue la pression atmosphérique quand on prend ce téléphérique pour aller de La Paz à El Alto ?**

› Je réponds aux questions

1 ....

....

2 **a.** ....

b. ....

....

c. ....

....

....

....

Les conseils du prof !

Vous pouvez répondre sans effectuer de calculs, mais en citant une propriété du cours.

Quelle est l'altitude au niveau de la mer ?

Déterminez, dans un premier temps, l'altitude de La Paz.

Exercice 7 — 14 pts — 20 min → Corrigé p. 77

Des élèves devaient réaliser un jeu avec les lutins « Sprite » et « Ball ».

Voici les exigences du jeu :

- la balle doit avancer sans arrêt de 20 et rebondir quand les bords sont touchés, jusqu'à ce qu'elle touche le lutin « Sprite » ;
- quand la balle touche le lutin « Sprite », la balle doit dire « Touché » pendant 1 seconde.

1 Lequel des scripts ci-dessous respecte les exigences du jeu ? Expliquer ce que font les deux autres scripts.

Script 1

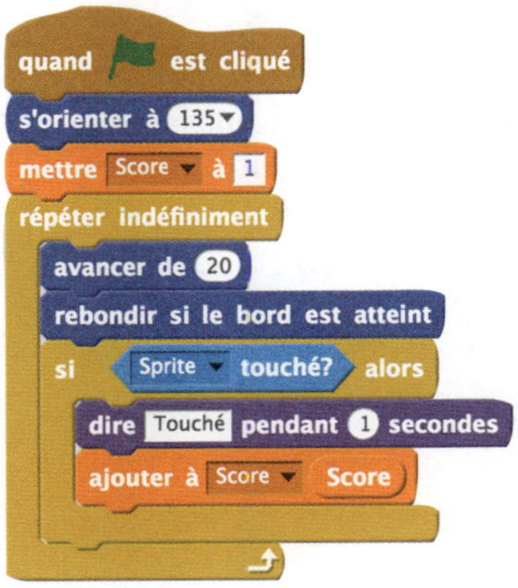

Script 2

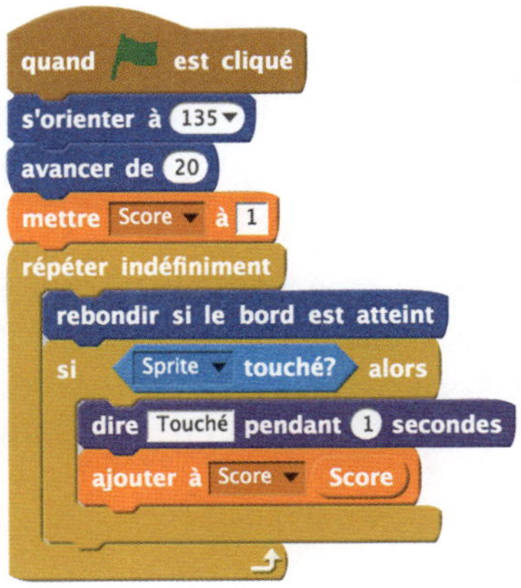

Script 3

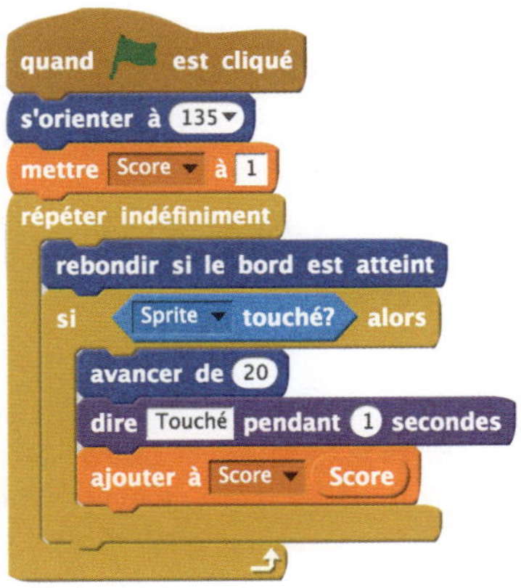

Avec le script qui convient, le jeu affiche un score qui évolue chaque fois que le chat est touché.

2 Quel score sera affiché quand la balle touchera le lutin « Sprite » pour la troisième fois ?

› Je réponds aux questions

1 ....

....

....

2 ....

....

....

Comprendre l'exercice

- Étudiez les actions qui doivent se trouver à l'intérieur des briques « répéter indéfiniment » et « si Sprite touché ? ».
- Analysez la façon dont le score évolue quand le chat est touché.

Les conseils du prof !

L'emplacement de la brique « avancer de 20 » est différent pour chacun des scripts.

Vous pouvez construire un tableau pour calculer le nouveau score chaque fois que le lutin est touché.

Exercice 1 → p. 68

Je comprends les corrigés

1 Réponse **c.**
En effet, $(x-3)^2 = x^2 - 2 \times x \times 3 + 3^2 = x^2 - 6x + 9$

> On reconnaît l'identité remarquable $(a-b)^2 = a^2 - 2ab + b^2$ avec, ici, $a = x$ et $b = 3$.

2 Réponse **c.**
En effet : $f(8) = 3 \times 8 - 4 = 20$, donc la réponse **a.** est fausse ; $f(11) = 3 \times 11 - 4 = 29$, donc la réponse **b.** est fausse ; $f(5) = 3 \times 5 - 4 = 11$, donc la réponse **c.** est exacte ; $f(x)$ n'est pas de la forme ax, donc f n'est pas une fonction linéaire (c'est une fonction affine), donc la réponse **d.** est fausse.

> Dans l'égalité $f(a) = b$, on dit que « b est l'image de a » ou que « a est l'antécédent de b ».

3 Réponse **b.**
En effet :

$$\text{Aire de ABC} = \frac{\text{AB} \times \text{BC}}{2} = \frac{24\text{ cm} \times 10\text{ cm}}{2} = 120\text{ cm}^2.$$

4 Réponse **c.**
En effet, dans un agrandissement de rapport 3, les volumes sont multipliés par 3^3, c'est-à-dire par 27.

> Dans un agrandissement de rapport k, les volumes sont multipliés par k^3.

Exercice 2 → p. 68

1 $150 + 160 = 310$, $640 - 310 = 330$; $\frac{52,5}{100} \times 640 = 336$.
$640 - 336 = 304$;
$304 - 150 = 154$ et $336 - 160 = 176$.

> 52,5 % de 640 élèves font 336 élèves, donc 336 élèves sont soit en 4e, soit en 3e.

	Garçons	Filles	Total
6e et 5^e	150	**154**	**304**
4e et 3^e	160	**176**	**336**
Total	**310**	**330**	640

2 La probabilité qu'une fille soit choisie dans les classes de 6e et 5e est $\frac{154}{304}$; soit environ 0,507.
La probabilité qu'une fille soit choisie dans les classes de 4e et 3e est $\frac{176}{336}$, soit environ 0,524.
$0,507 < 0,524$ donc cette affirmation est fausse.

> Sur les 304 élèves de 6e et de 5e, 154 élèves sont des filles, donc la probabilité qu'une fille soit choisie dans les classes de 6e et de 5e est $\frac{154}{304}$.

Exercice 3 → p. 69

1 1 818 = **2** × **3** × **3** × 101.

> On effectue 1 818 : 101, et on en déduit, dans un premier temps, que 1 818 = 18 × 101.

2 **a.** On recherche dans un premier temps la décomposition en produit de facteurs premiers de 459. 4 + 5 + 9 = 18, donc 459 est divisible par 9.

D'où 459 = 9 × 51 et 51 = 3 × 17.

Donc 459 = 3 × 3 × 3 × 17.

Le premier multiple commun à 1 818 et 459 est donc 2 × 3 × 3 × 101 × 3 × 17 soit 92 718. Lucie pourra à nouveau observer cet alignement dans 92 718 min.

> On utilise les critères de divisibilité pour écrire la décomposition en facteurs premiers de 459.

b. 92 718 = 60 × 1 545 + 18, donc 92 718 min = 1 545 h 18 min.

1 545 = 24 × 64 + 9, donc 1 545 h = 64 jours 9 h.

92 718 min = 64 jours 9 h 18 min. Lucie pourra à nouveau observer cet alignement dans 64 jours 9 h 18 min.

> On peut utiliser la touche « division euclidienne » de la calculatrice.
>
> ```
> 92718⌐60
>      Q=1545 R=18
> ```
>
> 92 718 = 60 × 1 545 + 18

Exercice 4 → p. 70

1 **Vrai.** Les points M, T, S et A, T, H sont alignés dans le même ordre.

$\frac{TM}{TS} = \frac{4,8}{4} = 1,2$ et $\frac{TA}{TH} = \frac{5,4}{4,5} = 1,2$.

$\frac{TM}{TS} = \frac{TA}{TH}$ donc d'après la **réciproque du théorème de Thalès,** les droites (MA) et (SH) sont parallèles.

> Pour déterminer si les droites (MA) et (SH) sont parallèles, il suffit de comparer les rapports $\frac{TM}{TS}$ et $\frac{TA}{TH}$.

2 **Faux.** Les diagonales [MS] et [HA] du quadrilatère MASH se coupent en T. T n'est pas le milieu du segment [MS], donc le quadrilatère MASH n'est pas un parallélogramme.

> Les diagonales d'un parallélogramme se coupent en leur milieu.

3 **Faux.** [MA] est le côté le plus long du triangle MAT.

$MA^2 = 7,2^2 = 51,84$; $MT^2 + TA^2 = 5,4^2 + 4,8^2 = 29,16 + 23,04 = 52,2$.

$MA^2 \neq MT^2 + TA^2$, donc le triangle MAT n'est pas rectangle. On en déduit que les droites (MS) et (HA) ne sont pas perpendiculaires.

> On connaît les longueurs des côtés du triangle MAT, donc on peut déterminer si ce triangle est rectangle ou non.

4 **Vrai.** Les droites (AH) et (MS) sont sécantes en T et les droites (MA) et (SH) sont parallèles. Donc, d'après le théorème de Thalès :

$\frac{TM}{TS} = \frac{TA}{TH} = \frac{MA}{SH}$ soit $\frac{4,8}{4} = \frac{5,4}{4,5} = \frac{7,2}{SH}$.

De $\frac{5,4}{4,5} = \frac{7,2}{SH}$, on déduit que 5,4 × SH = 4,5 × 7,2.

$SH = \frac{4,5 \times 7,2}{5,4}$ soit SH = 6 cm.

> Comme on a montré avec l'affirmation A que les droites (MA) et (SH) sont parallèles, on peut utiliser le théorème de Thalès.

Exercice 5 → p. 71

• **Avec une équation :**

On note x le tarif enfant. Le tarif adulte est alors $x + 5$.
On obtient l'équation $80x + 80(x + 5) = 2\,480$.
En développant le membre de gauche, cette équation devient :

$80x + 80x + 400 = 2\,480$, soit $160x + 400 = 2\,480$.

$$160x + 400 - 400 = 2\,480 - 400.$$
$$160x = 2\,080$$
$$\frac{160x}{160} = \frac{2\,080}{160}$$
$$x = 13$$

Le tarif enfant est de 13 €.

• **Avec un schéma :**

Les 80 adultes ont donné 80 × 5 € ; soit 400 € de plus que les 80 enfants.
On peut alors construire ce schéma :

80 enfants	80 enfants	400 €

←——— 2 480 € ———→

(2 480 – 400) : (80 + 80) = 13. Le tarif enfant est de 13 €.

Je comprends les corrigés

• On aurait aussi pu effectuer des essais jusqu'à trouver la solution.
• Si on a le temps, on peut vérifier que :
$80 \times 13 + 80 \times (13 + 5) = 2\,480$.

Exercice 6 → p. 71

1 La situation n'est pas représentée par des points alignés avec l'origine, donc la pression atmosphérique n'est pas proportionnelle à l'altitude.

Dans un graphique, une situation de proportionnalité est représentée par des points alignés avec l'origine.

2

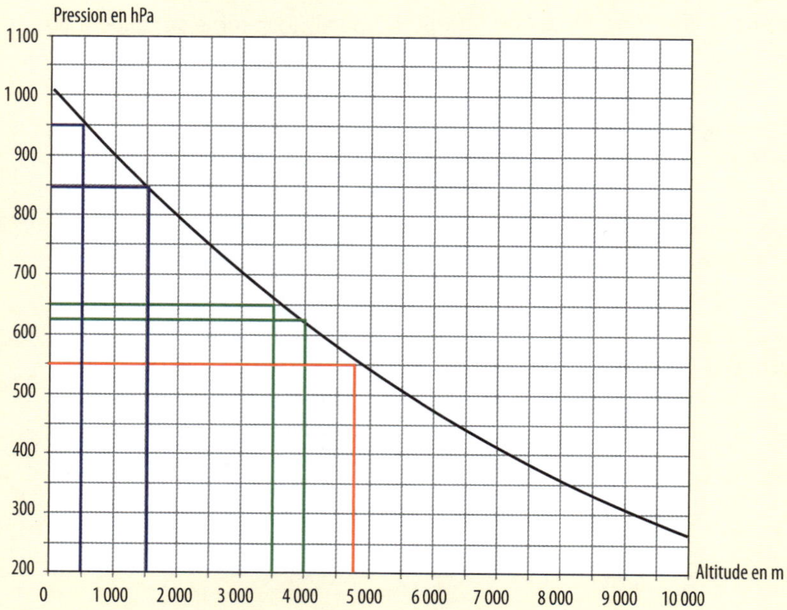

a. La pression atmosphérique au niveau de la mer est d'environ 1 020 hPa.
La pression atmosphérique au sommet du Mont-Blanc est d'environ 550 hPa (tracé en orange ci-avant).

> L'altitude au niveau de la mer est 0 m.

b. L'altitude minimale est 500 m et l'altitude maximale est 1 500 m (tracés en bleu ci-avant).

> Il suffit ici de déterminer les altitudes qui correspondent à 850 hPa et à 950 hPa.

c. On lit que l'altitude de La Paz est 3 500 m (tracé en vert ci-avant).
On en déduit que l'altitude de El Alto est 4 000 m
(3 500 m + 500 m = 4 000 m).
On lit ensuite que la pression atmosphérique à El Alto est environ 620 hPa.
650 hPa – 620 hPa = 30 hPa.
La pression atmosphérique diminue de 30 hPa.

> Après avoir déterminé l'altitude de La Paz, on peut déterminer l'altitude de El Alto puis en déduire la pression atmosphérique.

Exercice 7 → p. 72

1 Le script 1 respecte les exigences du jeu. Avec le script 2, la balle s'oriente à 135°, avance de 20, puis s'arrête. Avec le script 3, la balle s'oriente à 135°, puis s'arrête (sauf si elle touche Sprite).

2

Nombre de fois où le lutin est touché	Score
0	1
1	2 (1 + 1 = 2)
2	4 (2 + 2 = 4)
3	8 (4 + 4 = 8)

Quand la balle touchera le chat pour la troisième fois, le score sera de 8.

> On aurait aussi pu remarquer que la brique
> `ajouter à Score ▾ Score`
> revient à multiplier le score par 2.

JE FAIS LE POINT

	J'ai bien compris et j'ai réussi	Il manque des connaissances → Je revois le cours	Je n'ai pas compris la méthode → Je relis les conseils
EXERCICE 1 → p. 68			
Question 1	❑	❑	❑
Question 2	❑	❑	❑
Question 3	❑	❑	❑
Question 4	❑	❑	❑
EXERCICE 2 → p. 68			
Question 1	❑	❑	❑
Question 2	❑	❑	❑
EXERCICE 3 → p. 69			
Question 1	❑	❑	❑
Question 2	❑	❑	❑
EXERCICE 4 → p. 70			
Question 1	❑	❑	❑
Question 2	❑	❑	❑
Question 3	❑	❑	❑
Question 4	❑	❑	❑
EXERCICE 5 → p. 71			
Question	❑	❑	❑
EXERCICE 6 → p. 71			
Question 1	❑	❑	❑
Question 2	❑	❑	❑
EXERCICE 7 → p. 72			
Question 1	❑	❑	❑
Question 2	❑	❑	❑

PHYSIQUE-CHIMIE SVT – TECHNO

SUJET 7

50 pts — 1H

Les panneaux solaires

Différents panneaux solaires 25 pts 30 min → Corrigé p. 86

DOC. 1 Les différents types de panneaux solaires

Il existe deux types de panneaux solaires : les panneaux solaires thermiques et les panneaux solaires photovoltaïques. Dans le premier cas, le panneau produit de l'eau chaude ; dans le second cas, il produit de l'électricité.

Le panneau solaire thermique absorbe l'énergie rayonnée par le Soleil pour la transformer en chaleur, transmise à un fluide caloporteur (qui peut transporter la chaleur). Les pertes se retrouvent sous forme rayonnante et thermique : en effet, une partie de la chaleur va chauffer le dispositif. Le rendement est de l'ordre de 40 %.

Le panneau solaire photovoltaïque transforme, quant à lui, l'énergie rayonnante du Soleil en énergie électrique. Les pertes sont de même type que pour le panneau solaire thermique. Selon la technologie, les rendements sont compris entre 5 et 40 %.

DOC. 2 Rendements de différents panneaux solaires

Type de panneau	Thermique	Photovoltaïque polycristallin	Photovoltaïque monocristallin
Rendement	15 à 45 %	11 à 15 %	12 à 20 %

DOC. 3 Énergie solaire reçue en France métropolitaine

L'ensoleillement varie en fonction de la zone géographique : l'énergie rayonnée par le Soleil varie ainsi, en moyenne, de 1 090 kWh/m²/an à Lille à plus de 1 900 kWh/m²/an en Corse.

Remarque : En physique, l'unité de l'énergie est le joule (J).

Afin de simplifier les écritures en industrie, on utilise souvent comme unité de l'énergie le kilowattheure (kWh) :
$1 \text{ kWh} = 3{,}6 \times 10^6 \text{ J}$.

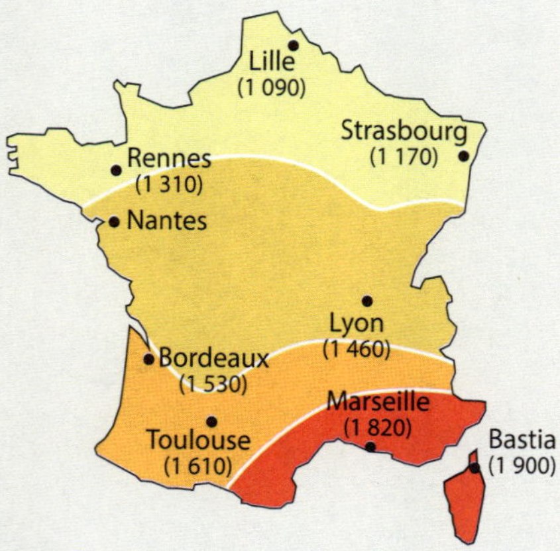

Valeurs exprimées en kWh/m²/an

Par étapes

ÉTAPE 1 Comprendre les documents

DOC. 1
- Il permet de comprendre la différence fondamentale entre les deux types de panneaux solaires.
- Cette différence n'est pas souvent explicite dans les médias.

DOC. 2
- Il présente trois types de panneaux solaires et leurs rendements.

DOC. 3
- Il présente les différences d'énergie solaire reçue en France.
- Le texte permet de mieux appréhender la carte.

ÉTAPE 2 Repérer les informations essentielles
- Repérez les mots-clés (par exemple « thermique » et « photovoltaïque ») et mettez en évidence leurs différences.
- Les questions portent sur la compréhension des différences entre ces panneaux.
- Sur la carte du DOC. 3, bien identifier les villes traitées dans les questions.

ÉTAPE 3 Savoir faire
- Lors de la lecture d'une unité, il faut la lire entièrement : 1 900 kWh/m²/an se lit « 1 900 kilowattheures **par** mètre carré **par** an », c'est donc 1 900 kWh pour 1 m² au sol, pendant une durée de 1 an.

Questions

1 Compléter les schémas de conversion énergétique du panneau solaire photovoltaïque et du panneau solaire thermique.

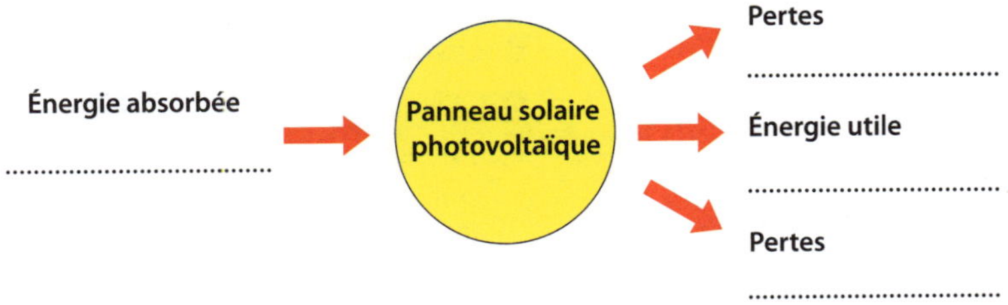

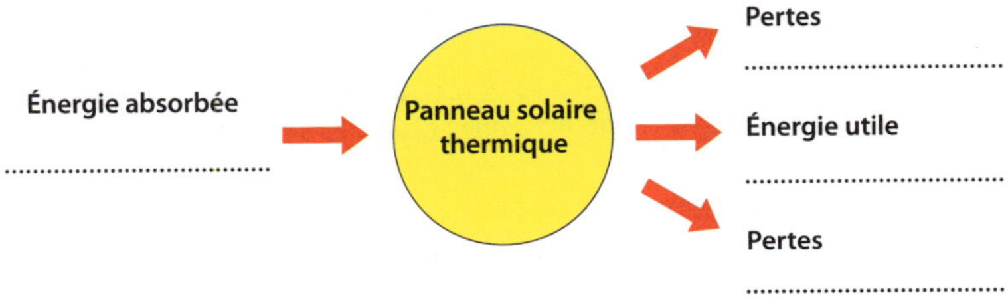

2 Parmi les panneaux solaires photovoltaïques présentés dans le DOC. 2, lequel est le plus intéressant ? Justifier.

....

....

3 **a.** Quelle est l'énergie solaire reçue en moyenne à Strasbourg et à Marseille ? Dans laquelle de ces villes un panneau solaire sera-t-il le plus rentable ?

....

....

....

b. On considère une maison consommant 30 000 kWh par an, exclusivement alimentée par l'énergie solaire. Quelle doit être la surface de panneaux solaires photovoltaïques à poser sur le toit d'une maison située à Strasbourg ? À Marseille ?
Pour simplifier, on prendra un panneau solaire photovoltaïque idéal de rendement 100 %.

....

....

....

....

Les conseils du prof !

Soyez attentif au sens des flèches :
– dans un sens, c'est l'énergie reçue par le panneau ;
– dans l'autre, c'est l'énergie émise.

La technologie la plus intéressante est celle qui permet de récupérer le maximum d'énergie en limitant les pertes.

- Ce type d'informations se trouve nécessairement dans les documents.
- Pour être rentable, un panneau solaire devra fournir le plus d'énergie possible, quelle que soit la technologie utilisée.

- Ici, on demande une surface, dont l'unité est le m^2.
- N'hésitez pas à détailler les calculs, cela permet d'éviter des erreurs.

SUJET 7 SVT Les panneaux solaires

Panneaux solaires et zones climatiques

25 pts 30 min → Corrigé p. 87

L'efficacité énergétique de panneaux solaires est plus forte pour ceux installés en zone tropicale qu'en zone tempérée.

DOC. 1 Relation entre la latitude et la surface éclairée par un faisceau lumineux à l'équinoxe de printemps.

Compte tenu de la distance entre la Terre et le Soleil (environ 150 millions de kilomètres), on considère que les rayons solaires arrivant sur Terre sont parallèles. Mais, la Terre étant sphérique, les rayons solaires ont des angles d'incidence différents selon les régions du monde. Par exemple, à midi, il y a un angle de 72° entre la surface de la Terre et les rayons solaires au niveau du tropique Nord. Par conséquent, la surface éclairée par un même rayon sera différente selon les régions du monde.

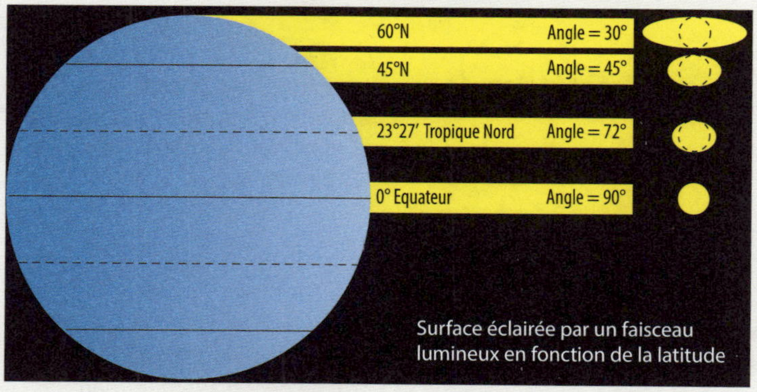

DOC. 2 Carte mondiale de l'énergie solaire reçue en W/m².

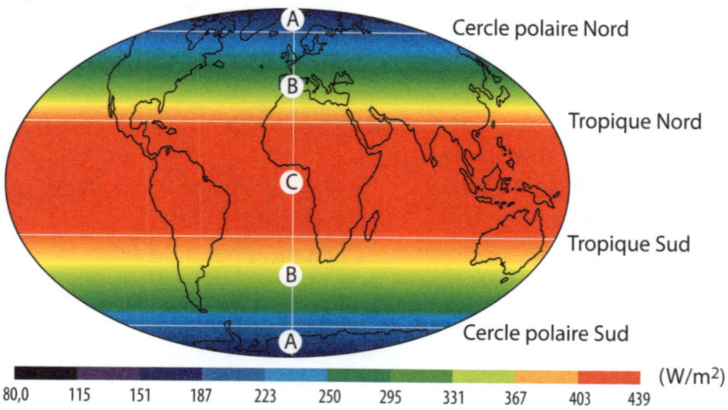

Par étapes

ÉTAPE 1 Comprendre les documents

DOC. 1

- Comment sont mesurés les angles des rayons solaires ?
- Quelle est la signification des taches jaunes à droite du document ?

DOC. 2

- À quoi correspondent les lettres A, B et C ?
- Pourquoi les bandes de couleurs sont-elles réparties symétriquement de part et d'autre de l'Équateur ?

ÉTAPE 2 Repérer les informations essentielles

DOC. 1

- Le titre indique qu'il existe un rapport entre la latitude et la surface éclairée par le rayonnement solaire.
- Cette notion est développée dans le texte qui suit et elle est illustrée par un schéma.

DOC. 2

- Les couleurs utilisées indiquent des valeurs d'énergie solaire reçue par la surface de la Terre.
- Une échelle de couleur placée sous la carte permet d'identifier ces valeurs.

ÉTAPE 3 Mettre en relation les documents

- **Il faut comparer les deux images :** positions des tropiques et des cercles polaires, angles d'incidence et énergie solaire reçue pour chaque zone climatique.

Questions

Les conseils du prof !

1 À l'aide du **DOC. 1**, compléter le tableau suivant.

Latitude	....	45° Nord	....
Angle (en °) d'incidence du rayonnement solaire par rapport à la surface terrestre	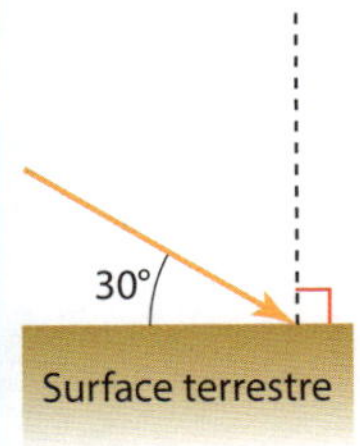	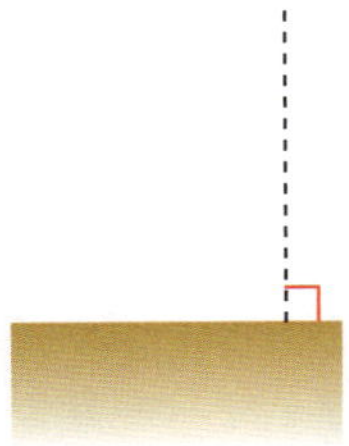	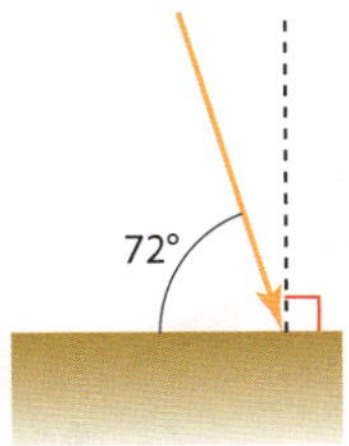

- Pour chaque situation, observez le **DOC. 1** pour savoir quel angle d'incidence est associé à chaque latitude.
- Complétez ensuite les latitudes manquantes et dessinez les rayons manquant en utilisant un rapporteur.

2 **a.** Écrire une phrase qui relie l'angle d'incidence du rayonnement solaire par rapport à la surface terrestre et la latitude.

....

....

Comme pour toutes les relations entre deux grandeurs, formulez une phrase du type : « *Plus … augmente, plus… augmente/ diminue.* »

b. À l'aide du **DOC. 1**, indiquer comment varie la surface éclairée en fonction de la latitude pour un même faisceau lumineux.

....

....

c. À l'aide du **DOC. 2**, associer chaque lettre (A, B et C) à une zone climatique, puis décrire les quantités d'énergie solaire reçues par ces grandes zones climatiques.

....

....

....

....

- Utilisez vos connaissances pour identifier chaque zone climatique sur la carte du **DOC. 2**.
- Servez-vous de l'échelle de couleur de la carte pour indiquer les quantités d'énergie reçues.
- Vous pouvez présenter les résultats dans un tableau.

3 Pourquoi est-il est plus intéressant d'installer des panneaux solaires en zone tropicale qu'en zone tempérée ?

....

....

....

....

....

Servez-vous des réponses aux questions précédentes.

SUJET 7 CORRIGÉS

PHYSIQUE-CHIMIE → p. 82

1

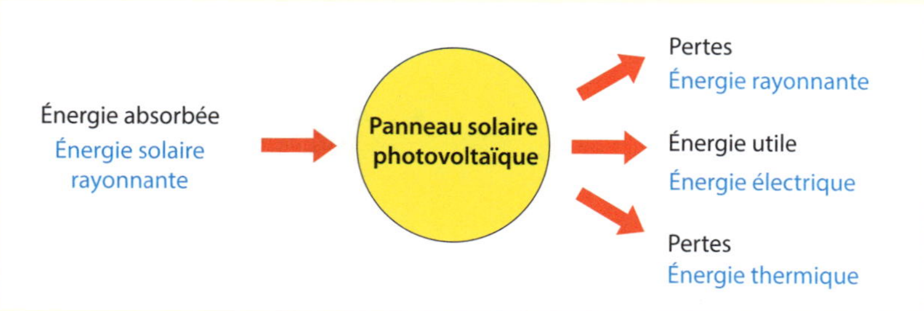

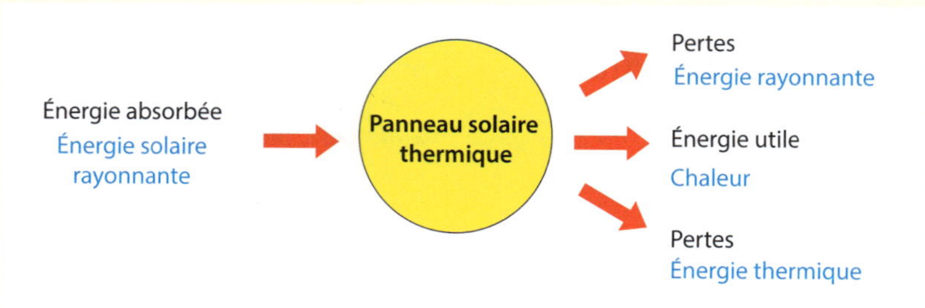

Je comprends les corrigés

Veillez à utiliser le même vocabulaire que dans les documents. Cela permet de montrer qu'il est bien assimilé.

2 Le panneau photovoltaïque monocristallin a un rendement supérieur. C'est donc le meilleur panneau, car il permet une meilleure production d'énergie électrique pour une même énergie reçue.

Justifiez la maîtrise de la notion de rendement, c'est la conclusion du bilan énergétique.

3 **a.** D'après le **DOC. 3**, on peut lire que Strasbourg reçoit en moyenne 1 170 kWh/an/m^2 et que Marseille reçoit 1 820 kWh/an/m^2. Le panneau solaire sera donc plus rentable à Marseille, car l'ensoleillement y est supérieur.

b. • À Strasbourg, l'énergie reçue est de 1 170 kWh pour un mètre carré et pour un an. Il faut 30 000 kWh/an pour une maison, donc la surface cherchée est :

(30 000 kWh/an)/(1 170 kWh/m^2/an) ≈ 26 m^2.

• Pour Marseille, un calcul analogue donne :

(30 000 kWh/an)/(1 820 kWh/m^2/an) ≈ 16 m^2.

• Pensez à bien indiquer les unités dans les réponses.

• Vérifiez la cohérence des résultats :

– **soit par un sens pratique** : la surface obtenue doit être cohérente (un résultat farfelu alerte généralement sur une erreur) ;

– **soit par une analyse des unités** après les avoir simplifiées : ici il reste des m^2, ce qui correspond bien à une surface.

SVT → p. 84

1

Latitude	60° Nord	45° Nord	Tropique Nord
Angle (en °) d'incidence du rayonnement solaire par rapport à la surface terrestre	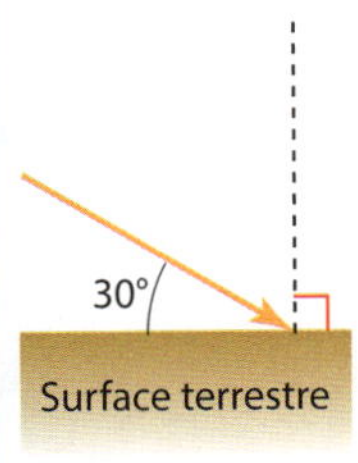	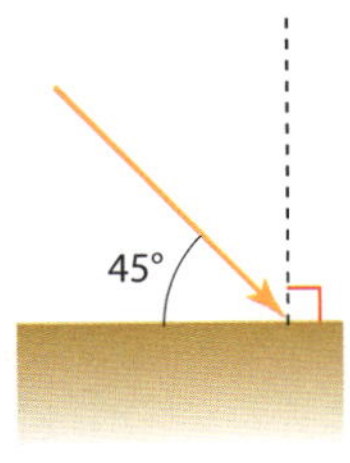	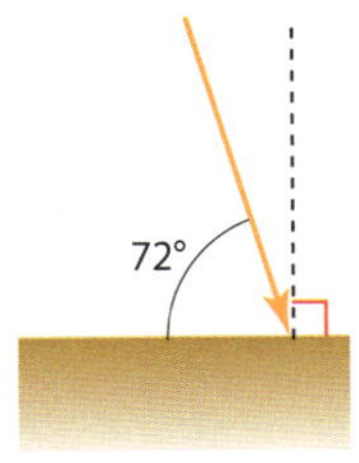

2 **a.** Plus la latitude est faible, plus l'angle d'incidence du rayonnement solaire par rapport à la surface terrestre est élevé.

b. Pour un même faisceau lumineux, on constate que la surface éclairée augmente de l'Équateur vers le pôle Nord.

c. La quantité d'énergie solaire reçue varie beaucoup selon les zones climatiques. Le tableau suivant récapitule ces quantités :

Zone sur la carte	Type de zone climatique	Quantité d'énergie solaire reçue (en W/m²)
A	Polaire	Entre 115 et 187
B	Tempérée	Entre 187 et 367
C	Tropicale	Entre 367 et 439

3 On constate que, pour un même faisceau solaire, la surface exposée est plus étalée, à une latitude de 45° Nord, que la surface exposée à l'Équateur. Ainsi, la quantité d'énergie reçue par la surface terrestre est plus forte à l'Équateur que dans les zones tempérées. Or, on sait que l'efficacité d'un panneau solaire dépend de l'énergie reçue par mètre carré. Donc, les zones tropicales sont plus favorables pour l'installation de panneaux solaires que les zones tempérées.

Je comprends les corrigés

Les rayons solaires et les angles par rapport à la surface doivent être dessinés de la même façon que les exemples proposés.

Les expressions des grandeurs sont reprises des documents (par exemple : « angle d'incidence des rayons solaires »). Il ne faut pas les simplifier.

La présentation de la réponse sous forme de tableau montre votre capacité à être clair.

L'explication proposée contient des résultats d'observation, des connaissances et une conclusion.

JE FAIS LE POINT

	J'ai bien compris et j'ai réussi	Il manque des connaissances → Je revois le cours	Je n'ai pas compris la méthode → Je relis les conseils
PHYSIQUE-CHIMIE → p. 82			
▶ Question 1	❏	❏	❏
▶ Question 2	❏	❏	❏
▶ Question 3	❏	❏	❏
SVT → p. 84			
▶ Question 1	❏	❏	❏
▶ Question 2	❏	❏	❏
▶ Question 3	❏	❏	❏

SUJET 8

50 pts · 1H

Le cœur

L'adaptation de l'activité cardiaque à l'effort

25 pts 30 min → Corrigé p. 95

Un des objectifs de la médecine cardiaque est de concevoir un cœur artificiel capable d'adapter sa fréquence en fonction de l'activité physique du patient, comme le fait un cœur biologique.

DOC. 1 Réalisation d'un test d'effort

Lors d'un test d'effort, un adolescent en bonne santé doit pédaler sur un ergocycle, sorte de vélo d'appartement qui dispose d'un dispositif de freinage permettant de régler la puissance de l'effort. L'adolescent est équipé de plusieurs électrodes destinées à enregistrer l'activité cardiaque. Les résultats obtenus sont représentés ci-dessous.

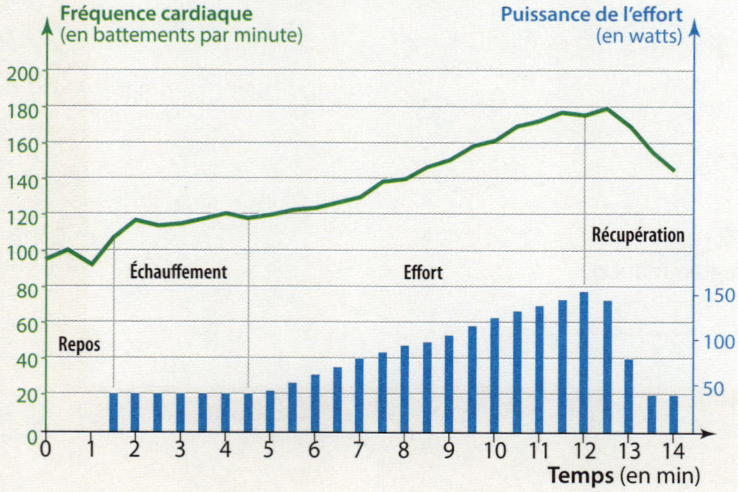

DOC. 2 Système nerveux de contrôle de l'activité cardiaque

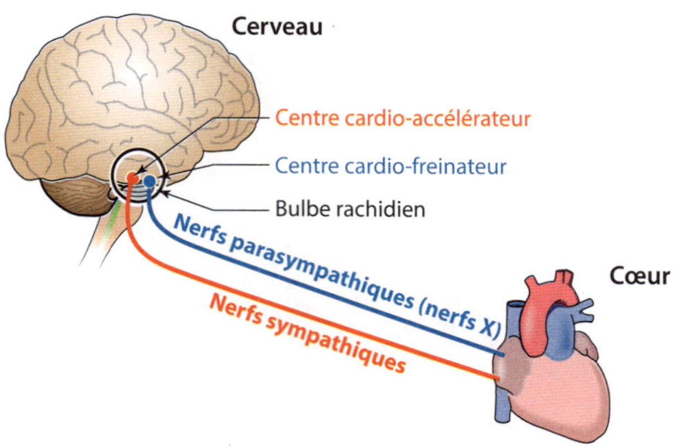

Par étapes

ÉTAPE 1 Repérer les informations essentielles

DOC. 1

- Le titre indique que le graphique présente les résultats d'un test d'effort.
- Le texte précise quel test d'effort a été réalisé.
- Le graphique montre deux variables mesurées : la fréquence cardiaque en vert et la puissance de l'effort en bleu.

DOC. 2

- Le titre rappelle l'existence d'un contrôle de l'activité du cœur par le système nerveux.
- Le dessin révèle que le centre nerveux contrôlant le cœur est le bulbe rachidien et qu'il agit par l'intermédiaire de deux nerfs.

ÉTAPE 2 Comprendre les documents

DOC. 1

- Comment varie la fréquence cardiaque au cours du test d'effort ?
- Comment varie la puissance de l'effort au cours du test ?
- Quel est le rapport entre la fréquence cardiaque et la puissance de l'effort ?

DOC. 2

- Quelle est l'action du bulbe rachidien sur le cœur par les nerfs sympathiques ?
- Quelle est l'action du bulbe rachidien sur le cœur par les nerfs parasympathiques ?

ÉTAPE 3 Mettre en relation les documents

- Pendant le test d'effort, la fréquence cardiaque augmente puis diminue (DOC. 1) à cause de l'action du contrôle nerveux du bulbe rachidien (DOC. 2).

Questions

Les conseils du prof !

1 En utilisant le DOC. 1, construire un tableau pour donner les valeurs de la puissance de l'effort demandé à l'adolescent pendant l'échauffement, à 8 minutes, à la fin de l'effort et à la fin de la phase de récupération.

- Cherchez dans la consigne les noms des grandeurs mesurées pour les utiliser comme titres de ligne ou de colonne dans votre tableau.
- Déterminez ensuite combien de cases le tableau doit comporter.

2 En utilisant le DOC. 1, décrire précisément l'évolution de la fréquence cardiaque de cet adolescent du début de son effort jusqu'à la fin de la récupération.

- Relevez et citez des valeurs précises de fréquence cardiaque à des moments intéressants (début de l'effort, fin de l'effort, etc.)
- Utilisez ensuite ces valeurs pour indiquer comment la fréquence varie (*augmente*, *diminue* ou *stagne*).

3 En utilisant le DOC. 2 et vos connaissances, expliquer comment la fréquence cardiaque est augmentée pendant l'effort, puis comment elle est abaissée lors de la phase de récupération.

- Utilisez les légendes du DOC. 2 pour identifier le rôle des différents nerfs qui rattachent le bulbe rachidien au cœur.
- Servez-vous de vos connaissances sur le fonctionnement du système nerveux.

Le cœur artificiel 25 pts 30 min → Corrigé p. 95

DOC. 1 Le fonctionnement d'un cœur artificiel

Deux micropompes mettent en mouvement un fluide hydraulique.

• Lors de la rotation de la micropompe 1 dans le sens 1, le fluide :
– exerce une pression sur la membrane du ventricule gauche qui envoie le sang riche en oxygène vers les organes ;
– libère la membrane du ventricule droit permettant au sang appauvri en oxygène d'arriver des organes.

• Lors de la rotation de la micropompe 1 dans le sens 2, le fluide :
– exerce une pression sur la membrane du ventricule droit, qui envoie le sang appauvri en oxygène vers les poumons ;
– libère la membrane du ventricule gauche, permettant au sang riche en oxygène d'arriver des poumons.

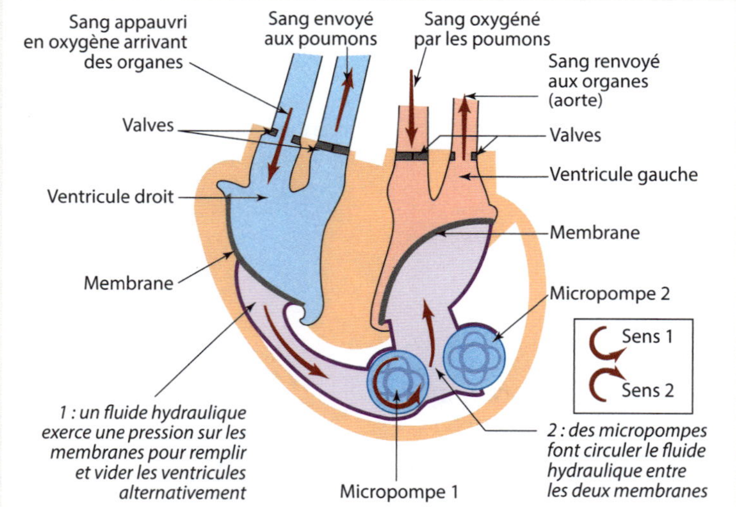

DOC. 2 Un cœur connecté

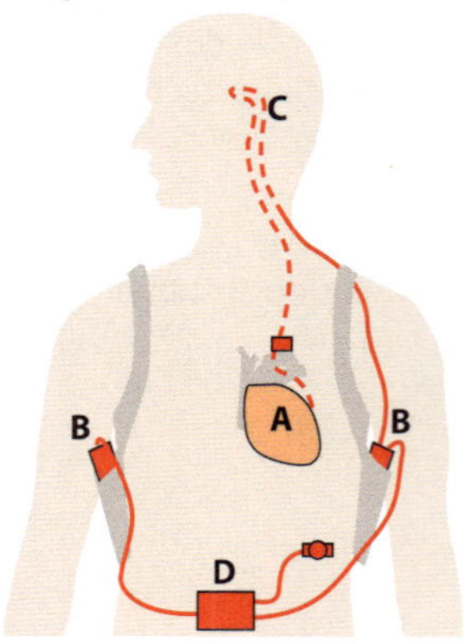

A : Prothèse cardiaque
B : Alimentation par piles (12h d'autonomie)
C : Passage du câble de l'alimentation
D : Envoi des données à l'hôpital par liaison GSM

Par étapes

ÉTAPE 1 Repérer les informations essentielles

DOC. 1
- Le texte permet de comprendre le fonctionnement d'un cœur artificiel.
- Celui-ci est décomposé en deux parties :
  – **Partie 1 :** lorsque la micropompe 1 tourne dans un sens ;
  – **Partie 2 :** lorsque le sens de rotation change.
  Cette rotation met en mouvement un fluide hydraulique qui actionne les membranes permettant au sang de circuler dans le corps.
- La représentation permet une compréhension plus évidente tout en ajoutant quelques informations supplémentaires.

DOC. 2
- Cette vue extérieure détaille la source d'énergie nécessaire au fonctionnement du cœur artificiel.
- Elle permet de comprendre que ce cœur est un **objet connecté**.

ÉTAPE 2 Comprendre les documents

DOC. 1
- D'où vient le sang et où part-il lors de la rotation de la micropompe dans le sens 1 ?
- Même question lorsque la micropompe tourne dans le sens 2.

DOC. 2
- Quelle est la source d'énergie utilisée pour faire fonctionner le cœur artificiel ?

Questions

Les conseils du prof !

1 En considérant une personne ayant un rythme cardiaque de 90 battements par minutes, combien de battements devra effectuer le cœur artificiel en 5 années, quelle est l'actuelle durée de vie de ce système ?

> Pour effectuer le calcul, convertissez en jours, en heures, puis en minutes.

....

....

....

....

....

....

2 **a.** À l'aide du **DOC. 1**, déterminer quel liquide exerce une pression sur les membranes pour remplir et vider les ventricules.

> La réponse se trouve dans le **DOC. 1**, dans le texte ainsi que dans la représentation.

....

....

....

....

....

b. Préciser par quoi est alimenté le système du cœur artificiel.

> Cette question porte sur les différentes sources d'énergie. La réponse se trouve dans le **DOC. 2**.

....

....

....

....

c. Quel type de liaison permet d'envoyer des informations à l'hôpital ?

> Cette question porte sur les différents types de transmission de signaux. La réponse se trouve dans le **DOC. 2**.

....

....

....

....

3 **a.** En considérant un rythme de 120 battements par minute, donner la durée, en secondes, entre deux battements.

....

....

....

....

....

....

....

....

b. Cette durée est divisée équitablement entre la compression de la membrane droite et celle de la membrane gauche.
Compléter, en vous aidant du DOC. 1, le script de la commande de la micropompe en utilisant les éléments suivants :

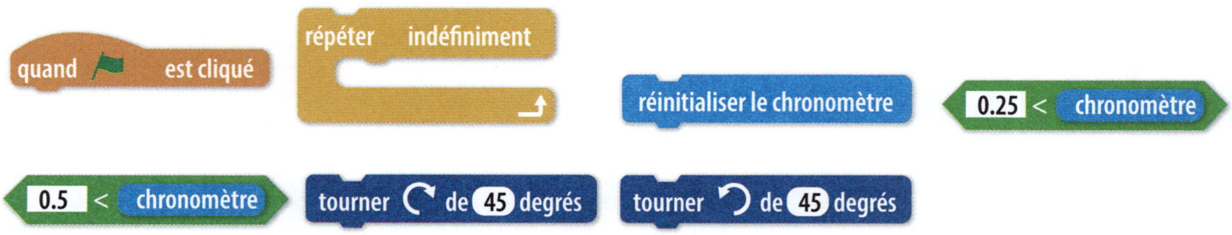

Les conseils du prof !

Un calcul est nécessaire ici. **Attention** à bien convertir dans l'unité demandée (la seconde).

- En vous appuyant sur la réponse à la question précédente et les informations données dans la consigne, vous pouvez déterminer le temps de rotation dans un sens et le temps total nécessaire pour revenir à la position initiale.
- Utilisez vos connaissances sur le principe de codage rencontré lors de la réalisation d'un script.
- Imaginez le trajet du sang afin de compléter ce script.

SVT → p. 90

1 Le tableau attendu est le suivant :

Moment du test	Échauf-fement	Pendant l'effort, à 8 min	À la fin de l'effort	À la fin de la phase de récupération
Puissance de l'effort (en watts)	40	100	150	40

2 Au début de l'effort, la fréquence cardiaque est de 120 battements par minute (bpm), puis elle augmente progressivement pour atteindre presque 180 bpm en fin d'effort. Pendant la phase de récupération, elle diminue plus rapidement et atteint presque 140 bpm en fin de test.

3 Pendant un effort, le bulbe rachidien (centre nerveux) reçoit des signaux qui le renseignent sur les besoins des différents organes. Le bulbe rachidien intègre ces signaux et élabore un message nerveux. Ce message nerveux est ensuite transmis par les nerfs sympathiques jusqu'au cœur, ce qui provoque l'augmentation de la fréquence cardiaque. Pendant la phase de récupération, le bulbe rachidien reçoit d'autres signaux en provenance des différents organes. Il intègre ces signaux et élabore un nouveau message nerveux. Ce message nerveux est transmis par les nerfs parasympathiques jusqu'au cœur, ce qui provoque la diminution de la fréquence cardiaque.

Je comprends les corrigés

L'unité utilisée (ici, le watt) n'est pas répétée dans chaque case, elle est écrite une seule fois dans la case qui sert de titre pour la ligne.

Lorsqu'une unité est longue à écrire, elle est notée une première fois en entier avec son abréviation entre parenthèses puis seule l'abréviation est employée dans les phrases suivantes.

- Le DOC. 2 montre que les nerfs sympathiques sont reliés au centre cardio-accélérateur, alors que les nerfs parasympathiques sont reliés au centre cardio-freinateur du bulbe rachidien.
- Les connaissances utilisées dans la réponse concernent le rôle d'intégration du centre nerveux et la notion de message nerveux transmis par les nerfs.

TECHNOLOGIE → p. 92

1 5 × 365 × 24 × 60 × 90 = 236 520 000.
Le système effectuera donc 236 520 000 battements en 5 ans.

- 5 années = 5 × 365 jours = 1 825 jours = 1 825 × 24 h = 43 800 h = 43 800 × 60 min = 2 628 000 min
- Le nombre de battements est égal à 2 628 000 × 90 = 236 520 000.

2 **a.** C'est le fluide hydraulique qui met en mouvement les membranes des ventricules, faisant ainsi circuler le sang.
b. Des piles fournissent l'alimentation du système.
c. C'est une liaison GSM qui permet d'envoyer des informations à l'hôpital.

- Les piles fournissent l'énergie électrique nécessaire au fonctionnement du cœur artificiel avec une autonomie de 12 h.
- La liaison GSM permet d'envoyer les informations utiles du fonctionnement du cœur vers l'hôpital.

3 **a.** 1 minute = 60 secondes, donc il y a 120 pulsations en 60 secondes.
60 : 120 = 0,5. La durée entre deux pulsations est de 0,5 s.

b.

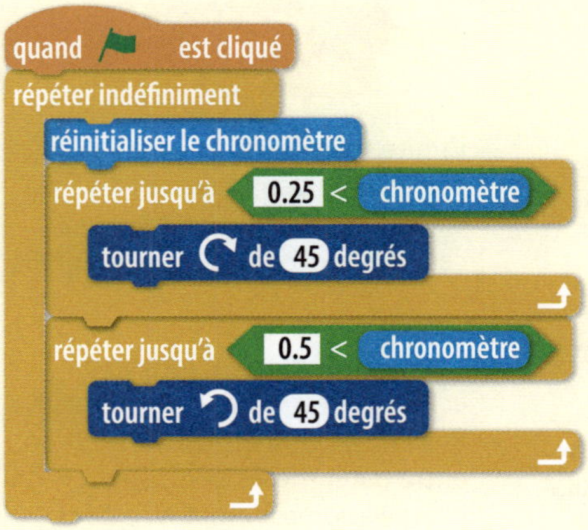

Je comprends les corrigés

La valeur donnée par le chronomètre évolue au cours du temps.

JE FAIS LE POINT

	J'ai bien compris et j'ai réussi	Il manque des connaissances → Je revois le cours	Je n'ai pas compris la méthode → Je relis les conseils
SVT → p. 90			
▶ **Question 1**	❏	❏	❏
▶ **Question 2**	❏	❏	❏
▶ **Question 3**	❏	❏	❏
TECHNOLOGIE → p. 92			
▶ **Question 1**	❏	❏	❏
▶ **Question 2**	❏	❏	❏
▶ **Question 3**	❏	❏	❏

SUJET 9

50 pts · 1H

Le kart

Le kart électrique 25 pts 30 min → Corrigé p. 103

DOC. 1 Les différentes épreuves

Le kart électrique est un outil pédagogique intéressant, car il est petit et facilement modifiable par des élèves. Ils se rencontrent lors de compétitions amicales qui permettent d'échanger et de s'affronter sur différentes épreuves, comme une épreuve d'endurance et un sprint de 100 m. Pour chaque épreuve, il y a un règlement strict. Par exemple, pour l'épreuve d'endurance, chaque recharge des batteries est fortement pénalisée. Le choix des composants, en particulier le moteur et les batteries, est donc très important. Cette épreuve dure deux heures.

DOC. 2 Interview de deux collégiens ayant réalisé un kart électrique

Comment avez-vous fait pour choisir les composants de votre kart ?
Nous avons utilisé les formules de l'énergie et de la puissance électrique que nous avons vues en cours de physique et de technologie. Par exemple, une puissance est le produit d'une tension par une intensité, mais seulement en courant continu.
Et pour l'énergie ?
Eh bien l'énergie, c'est une puissance fois un temps.
Avez-vous donc dû calculer pour comparer les différentes possibilités ?
Effectivement, et c'était passionnant d'appliquer nos formules à un cas concret, surtout qu'au prix du matériel, nous n'avions pas le droit à l'erreur !

DOC. 3 Extrait d'un catalogue technique

Moteur 1

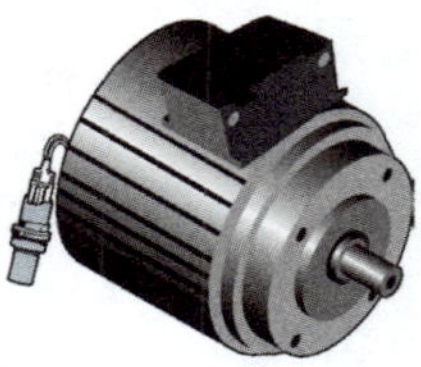

48 V (tension continue) – 8 500 W

Moteur 2

48 V (tension continue) – 4 000 W

Pack de batteries 1 (lithium)

48 V (tension continue)
$E = 1,5 \times 10^7$ J

Pack de batteries 2 (plomb)

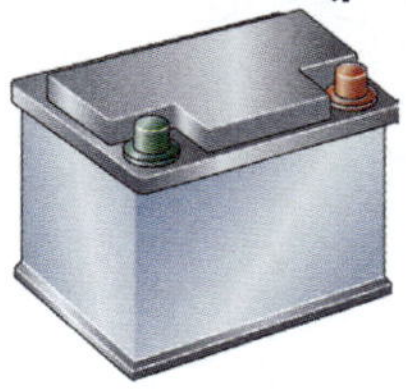

48 V (tension continue)
$E = 1,1 \times 10^7$ J

Par étapes

ÉTAPE 1 Extraire les informations pertinentes

DOC. 1
- Il donne les règles de l'épreuve d'endurance.

DOC. 2
- Les formules de la puissance et de l'énergie sont données ici.
- Vous pouvez les retranscrire, au brouillon, sous forme mathématique.

ÉTAPE 2 Comprendre les documents

DOC. 3
- Une documentation technique comporte de nombreuses données.
- Les unités permettent d'associer ces données à des grandeurs. Par exemple, W signifie « watt » : il s'agit donc d'une puissance.

ÉTAPE 3 Bien lire le sujet
- En lisant entièrement le sujet (documents et questions), on a une vue d'ensemble de ce qui est demandé.
- **Les questions ne sont pas indépendantes :** il est important d'y répondre dans l'ordre.

Questions

1 Donner la formule de la puissance pour une tension continue, en explicitant les unités, puis calculer la valeur de l'intensité consommée par chacun des deux moteurs du DOC. 3.

....

....

....

....

2 Donner la formule de l'énergie électrique, en explicitant les unités, puis calculer l'énergie consommée pendant l'épreuve d'endurance (2 h) par chacun des deux moteurs.

....

....

....

....

3 **a.** En déduire le nombre de recharges nécessaires pour terminer cette épreuve pour les 2 moteurs et les 2 packs de batteries, puis compléter le tableau ci-dessous, où un calcul a déjà été fait.

Calculs : ....

....

....

	Moteur 1	Moteur 2
Pack de batteries 1	....	....
Pack de batteries 2	....	2,6 recharges, soit 3 recharges pour finir la course

b. Compte tenu des pénalités, quel moteur et quel pack de batteries seront le plus judicieux pour l'épreuve d'endurance ? Justifier.

....

....

Les conseils du prof !

- La formule est donnée dans l'énoncé : il suffit de la mettre sous forme mathématique.
- Veillez à garder les notations classiques (*P* pour puissance, *U* pour tension, etc.).
- Pour l'application numérique, il faut utiliser la puissance des moteurs et leur tension, données dans le DOC. 3.

- Le raisonnement est le même qu'à la question **1**.
- **Attention**, l'unité du temps est la seconde.
- 1 h = 3 600 s.

- Connaissant l'énergie nécessaire à l'épreuve d'endurance, il faut utiliser l'énergie que peut stocker la batterie pour obtenir le résultat.
- L'exemple permet de savoir comment écrire le résultat et vérifier éventuellement, en refaisant le calcul, que la méthode est correcte.

- Le mot « pénalité » renvoie au règlement du DOC. 1.
- Il faut donc choisir, parmi les solutions proposées à la question **3. a**, celle qui minimise les pénalités.

Un kart pour sprinter **25 pts** 30 min → Corrigé p. 104

Des élèves veulent réaliser une épreuve de sprint et souhaitent atteindre une vitesse de 40 km/h. Ils doivent donc connaître la vitesse de rotation minimale que doit atteindre le moteur de leur kart.

DOC. 1 Caractéristiques des roues du kart

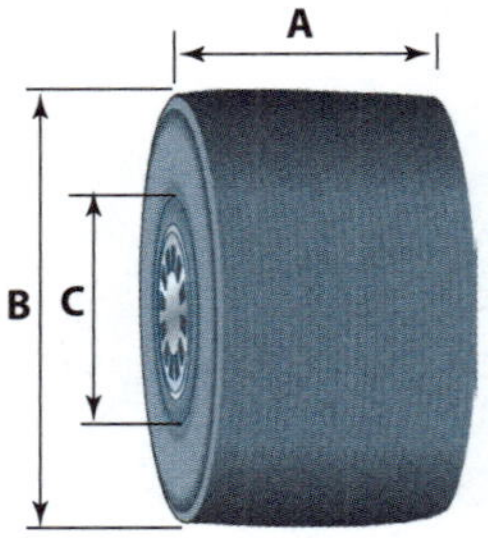

Indications des tailles

17,8 (A)	28 (B)	12,7 (C)
Largeur de la bande de roulement	Diamètre global	Diamètre de jante

Unité : en cm

DOC. 2 Transmission entre le moteur et les roues

Le pignon moteur, fixé sur l'axe de rotation du moteur, entraîne la couronne de transmission, qui entraîne à son tour les roues du kart.

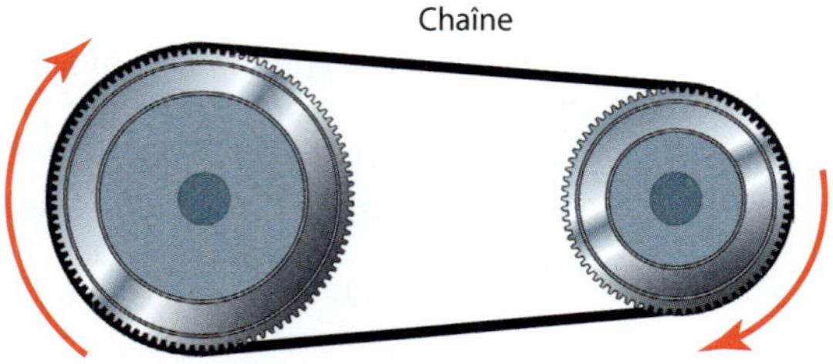

Par étapes

ÉTAPE 1 Extraire les informations pertinentes

DOC. 1

- Les caractéristiques des pneumatiques donnent des informations qu'il sera nécessaire d'exploiter pour déterminer la vitesse du kart.

DOC. 2

- Les pneumatiques fixés sur l'axe de la couronne de transmission sont entraînés par le pignon moteur, lui-même solidaire du moteur.
- Le calcul du rapport de transmission est nécessaire pour connaître la vitesse du kart en fonction de la vitesse de rotation du moteur.

DOC. 3

- Le système présenté permet de diriger le kart et de suivre le parcours de la piste.

ÉTAPE 2 Comprendre les documents

DOC. 1

- Quelle est l'unité utilisée ?
- De quelle(s) mesure(s) la vitesse du karting dépend-elle ?

DOC. 2

- Quelle partie a le plus de dents : le pignon moteur ou la couronne de transmission ?

DOC. 3 Système de direction du karting

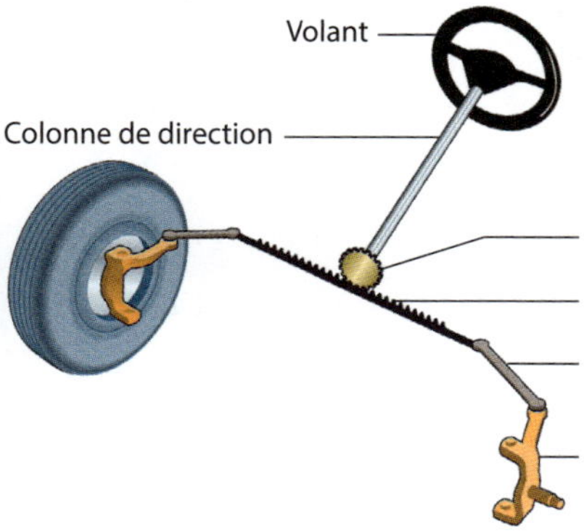

Questions

1 a. Calculer le périmètre du pneumatique, en m. Arrondir à 2 chiffres après la virgule.

....

....

b. Convertir 40 km/h en m/min. Arrondir à l'unité.

....

....

c. Calculer la vitesse de rotation de la roue, en tours/min, pour obtenir une vitesse de 40 km/h. Arrondir à l'unité.

....

....

....

Les conseils du prof !

Pensez à convertir en m.

Il faut savoir que 1 km = 1 000 m et 1 h = 60 min.

Cette question fait appel aux résultats trouvés aux questions précédentes.

2 a. À partir du **DOC. 2**, déterminer, du pignon moteur ou de la couronne de transmission, lequel a la vitesse de rotation la plus élevée.

Le **DOC. 2** permet de voir la différence de diamètre et de dents entre le pignon moteur et la couronne de transmission.

b. Calculer la vitesse à laquelle doit tourner le moteur pour que le kart atteigne une vitesse de 40 km/h.

Utilisez la réponse à la question **1. c**, ainsi que le nombre de dents du pignon moteur et de la couronne de transmission.

3 a. Quelle est la fonction technique réalisée par le système représenté sur le **DOC. 3** ?

- La fonction d'usage répond à la question « Quel est le service rendu par le produit ? ».
- Les fonctions techniques d'un objet permettent d'assurer la fonction d'usage.

b. En quel mouvement la liaison « pignon - crémaillère », représentée sur le **DOC. 3**, transforme-t-elle la rotation du volant ?

Il existe deux types de mouvements : les rotations et les translations.

PHYSIQUE-CHIMIE → p. 98

Je comprends les corrigés

1 • Pour une tension continue, la puissance consommée P (en watt) est égale au produit de la tension U (en volt) par l'intensité I (en ampère) :

$$P = U \times I.$$

• $P = U \times I$, soit $I = P/U$.

Donc, pour le moteur 1 : I = 8 500 W/48 V ≈ 177 A, et pour le moteur 2 : I = 4 000 W/48 V ≈ 83 A.

> On adapte la formule trouvée en fonction de la demande : ici, on cherche I connaissant P et U.

2 • L'énergie consommée E (en joule) est égale au produit de la puissance P (en watt) par le temps de fonctionnement t (en seconde) :

$$E = P \times t.$$

• Pour le moteur 1 : E = 8 500 W × 2 × 3 600 s ≈ $6{,}1 \times 10^7$ J

• Pour le moteur 2 : E = 4 000 W × 2 × 3 600 s ≈ $2{,}9 \times 10^7$ J.

> • Il faut respecter les unités : le joule est défini à partir d'un temps en seconde.
> • Écrire les unités dans les calculs permet d'éviter les erreurs.

3 **a.** Le pack de batteries 1 est capable de stocker une énergie de $1{,}5 \times 10^7$J.

Or, pour l'épreuve d'endurance, il faut $6{,}1 \times 10^7$J pour le moteur 1.

$$\frac{6{,}1 \times 10^7 \text{ J}}{1{,}5 \times 10^7 \text{ J}} = \frac{6{,}1}{1{,}5} \approx 4.$$

Il faut donc environ 4 recharges pour le couple « moteur 1 ; pack 1 ».

On procède de même pour les autres calculs et on obtient le tableau suivant :

> • Quand on arrondit un résultat, il faut utiliser le symbole ≈.
> • On demande plusieurs fois le même type de calcul : le premier calcul doit être entièrement rédigé sur la copie. Les autres peuvent être écrits au brouillon.

	Moteur 1	Moteur 2
Pack de batteries 1	4 recharges	1,93 recharge, soit 2 recharges pour finir la course
Pack de batteries 2	5,5 recharges, soit 6 recharges pour finir la course	2,6 recharges, soit 3 recharges pour finir la course

b. Le but est de minimiser le nombre de recharges.

Le choix le plus judicieux est donc le moteur 2 avec le pack de batteries 1.

> Il faut avoir un minimum de recharges : le tableau de la question **3. a** permet de trouver la réponse directement.

TECHNOLOGIE → p. 100

Je comprends les corrigés

1 **a.** 28 cm = 0,28 m. 0,28 × π ≈ 0,88 m.
Le périmètre, en m, du pneumatique est de 0, 88 m.

> Périmètre (en m) = diamètre (en m) × π.

b. 40 × 1 000 : 60 ≈ 667.
La vitesse de 40 km/h convertie en m/min est donc de 667 m/min.

> • Vitesse en m/h = vitesse en km/h × 1 000.
> • Vitesse en m/min = vitesse en m/h : 60.

c. 667 : 0,88 ≈ 758.
La vitesse de rotation des pneumatiques du karting pour atteindre une vitesse de 40km/h est de : 758 tours/min

> La vitesse de rotation des pneumatiques en tours/min est égale à la vitesse en m/min divisée par le périmètre du pneumatique en m.

2 **a.** Le diamètre du pignon moteur est plus élevé que celui de la couronne de transmission. Donc, pour un tour du pignon moteur, le système fera moins d'un tour au niveau de la couronne de transmission. La vitesse de rotation est donc plus importante pour le pignon moteur.

b. Le pignon moteur possède 22 dents et la couronne de transmission 50. Pour un tour de la couronne de transmission, on a 50 : 22 tours sur le pignon moteur. Il est donc nécessaire de multiplier par ce rapport pour obtenir la vitesse :

$758 \times \frac{50}{22} \approx 1\,723$ tours/min.

3 **a.** La fonction technique réalisée est « diriger ».

b. La liaison « pignon - crémaillère » transforme la rotation en translation.

> Le volant entraîne la colonne de direction et le pignon dans une rotation, puis la crémaillère transforme ce mouvement en translation.

JE FAIS LE POINT

	J'ai bien compris et j'ai réussi	Il manque des connaissances → Je revois le cours	Je n'ai pas compris la méthode → Je relis les conseils
PHYSIQUE-CHIMIE → p. 98			
Question 1	❑	❑	❑
Question 2	❑	❑	❑
Question 3	❑	❑	❑
TECHNOLOGIE → p. 100			
Question 1	❑	❑	❑
Question 2	❑	❑	❑
Question 3	❑	❑	❑

SUJET 10

50 pts — 1H

L'activité cérébrale

Activité cérébrale et ions 25 pts 30 min → Corrigé p. 110

DOC. 1 Des ions pour l'organisme

Pour fonctionner correctement, l'organisme humain a besoin d'une vingtaine de minéraux qui doivent être apportés régulièrement par l'alimentation : ce sont les oligo-éléments. Un oligo-élément est un élément chimique présent en faible quantité dans le corps humain, mais qui est indispensable au bon fonctionnement de celui-ci. Une carence en oligo-éléments peut avoir des conséquences catastrophiques sur le fonctionnement de notre corps (chute des cheveux, pertes des dents, problèmes cognitifs, stress, insomnie…) : il est donc nécessaire d'avoir une alimentation variée et équilibrée afin d'apporter au corps tout ce dont il a besoin.
Le cerveau est le principal organe du système nerveux. Il communique au moyen de signaux électriques, au niveau des nerfs mais aussi des neurones. Le signal électrique produit par le corps humain est dû à plusieurs ions : l'ion potassium, l'ion sodium, l'ion chlore et l'ion calcium. Les ions potassium et sodium ont 1 charge positive, l'ion calcium a 2 charges positives et l'ion chlorure a 1 charge négative.

DOC. 2 Masse des éléments minéraux dans un corps humain de 70 kg

Élément chimique	Potassium	Sodium	Chlore	Calcium
Masse (g)	240	105	105	1 050

DOC. 3 Schéma incomplet d'un atome

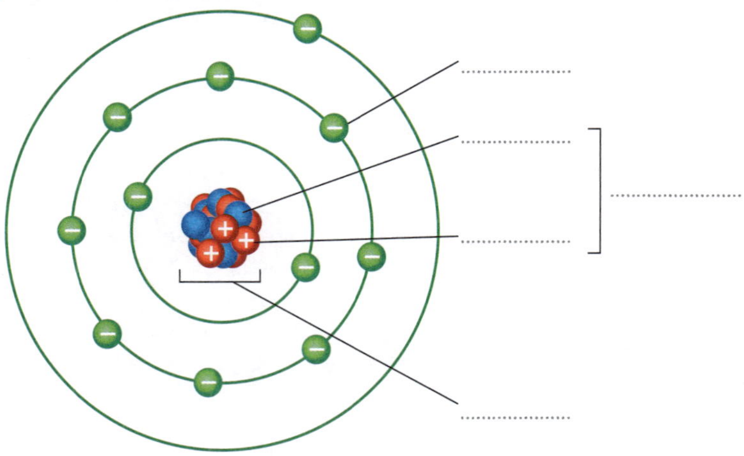

DOC. 4 Tableau périodique des éléments → p. 138

Par étapes

ÉTAPE 1 Comprendre les documents

DOC. 1

- Le terme d'*oligo-éléments* est employé dans la vie quotidienne pour parler d'espèces chimiques comme les ions.
- Par exemple, on parle de l'oligo-élément potassium en nutrition tandis qu'en chimie, on parlera d'ion potassium.

DOC. 3

- Ce schéma d'atome est incomplet : il vous sera probablement demandé de le légender en faisant appel à vos connaissances.

ÉTAPE 2 Extraire les informations pertinentes

DOC. 1

- Une partie des réponses aux questions sont données (comme la formule des ions) : une lecture attentive et méthodique est donc indispensable.

ÉTAPE 3 Savoir faire

DOC. 2

- Soyez bien attentif aux unités mentionnées.

DOC. 3

- On peut compter le nombre d'électrons sur ce schéma. Il est alors facile d'identifier l'atome à l'aide de la classification périodique des éléments (voir DOC. 4, p. 58), qui sera toujours fournie si nécessaire.

Questions

Les conseils du prof !

1 Calculer le pourcentage en masse de potassium dans un corps de 70 kg. En déduire, en justifiant, si l'ion potassium peut être qualifié d'oligo-élément.

....

....

....

....

....

- Vous pouvez utiliser la technique du produit en croix : 100 % représente 70 kg.
- Pensez à convertir la masse de l'élément en kg.
- Pour répondre à la 2e partie de la question, vous devez interpréter l'énoncé et bien comprendre ce qu'est un oligo-élément.

2 a. Compléter la légende du DOC. 3 avec les mots proton, nucléons, électron, neutron et noyau.

b. En utilisant la classification périodique des éléments (DOC. 4, p. 58), donner le nom de l'atome représenté dans le DOC. 3. Justifier la réponse.

....

....

- Un atome est nécessairement neutre : il possède donc autant d'électrons que de protons.
- La classification périodique est un classement par ordre croissant du nombre de protons.

c. Quelle est la différence entre l'atome de sodium et l'ion sodium en termes de nombre d'électrons ?

....

....

....

L'ion est une particule chargée.

3 a. À l'aide de la classification périodique des éléments et du DOC. 1, donner la formule des 4 ions nécessaires au signal électrique du corps humain.

....

....

- La classification périodique donne le symbole de l'ion (attention aux majuscules/minuscules).
- La charge est donnée dans le DOC. 1.

b. Cocher la ou les bonnes réponses.

- Un atome de chlore possède :
  - ❑ 17 électrons
  - ❑ 0 électron
  - ❑ 18 électrons
- Un ion potassium possède :
  - ❑ 19 protons et 19 électrons
  - ❑ 19 protons et 18 électrons
  - ❑ 18 protons et 19 électrons

- Le mot « atome » ou « ion » renseigne sur la charge.
- Le mot « chlore » ou « potassium » renvoie à la classification pour connaître le nombre de protons.

SUJET 10 SVT L'activité cérébrale

Activité cérébrale et épilepsie 25 pts 30 min → Corrigé p. 111

DOC. 1 Principe et utilisation de l'EEG

L'électroencéphalographie (EEG) enregistre directement l'activité électrique du cerveau et permet de suivre en temps réel la succession des opérations mentales à la milliseconde près. Son principe repose sur le fait que les neurones communiquent entre eux grâce à de très faibles courants électriques. Ceux-ci sont détectés à la surface de la peau du crâne grâce à des électrodes (jusqu'à 256) qui sont disposées dans un bonnet électrique placé sur la tête du patient.

L'EEG peut être utilisée pour confirmer un diagnostic d'épilepsie. L'épilepsie se caractérise par des décharges d'influx nerveux anormaux dans le cerveau. Ces décharges surviennent de façon soudaine. Elles peuvent avoir lieu dans une zone précise ou dans l'ensemble du cerveau.

Contrairement à ce que l'on peut penser, les crises d'épilepsie ne s'accompagnent pas toujours de mouvements saccadés ou de convulsions. Elles peuvent en effet être moins spectaculaires. Elles se manifestent alors par des sensations insolites (hallucinations olfactives, auditives, etc.) avec ou sans perte de conscience, et par diverses manifestations, comme un regard fixe ou des gestes répétitifs involontaires.

DOC. 2 Représentation du réseau de neurones dans le cerveau humain

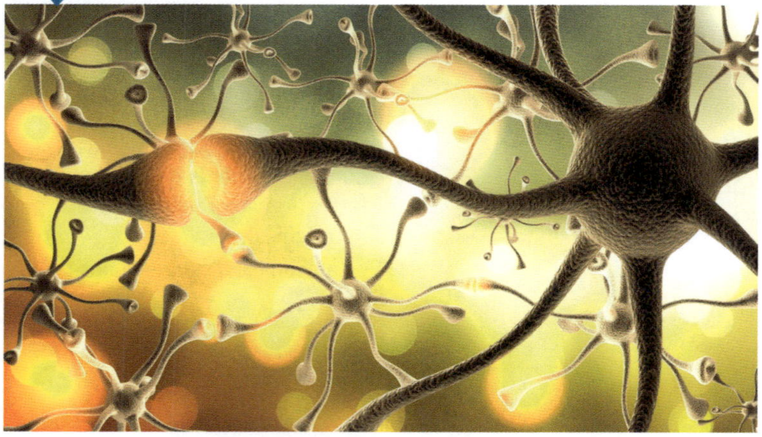

Par étapes

ÉTAPE 1 Extraire les informations pertinentes

- **Lisez bien le titre** de chaque document : il donne des renseignements sur son contenu.
- **Repérez les mots** ou les expressions scientifiques en les surlignant.
- **Repérez les définitions** présentes : par exemple, celles d'« électroencéphalographie » et d'« épilepsie ».

ÉTAPE 2 Comprendre les documents

DOC. 1

- Comment obtient-on un électroencéphalogramme (EEG) ?
- À quoi sert un EEG ?
- Qu'est-ce qu'une crise d'épilepsie ?

DOC. 2

- Comment sont représentés les neurones ?
- Quelle est la signification des auréoles autour de certaines connexions entre les neurones ?

DOC. 3

- Comment le graphique a-t-il été obtenu ?
- Que représentent les tracés du graphique ? Quelles sont les unités utilisées ?

DOC. 3 **Extrait d'EEG réalisé sur un enfant pendant une crise d'épilepsie**

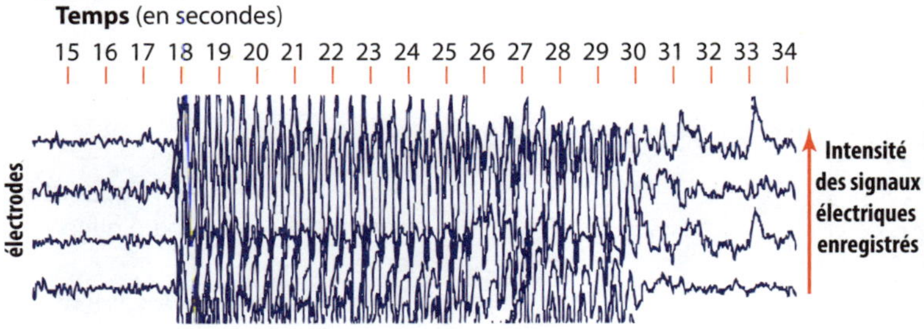

Par étapes

ÉTAPE 3 Mettre en relation les documents

DOC. 1 et **DOC. 3**

- Un EEG permet d'obtenir un enregistrement de l'activité électrique du cerveau (cf. graphique).

DOC. 1 et **DOC. 2**

- Les neurones présents dans le cerveau communiquent entre eux par des signaux électriques qui se propagent dans un réseau.

Questions

Les conseils du prof !

1 À l'aide du **DOC. 1**, expliquer pourquoi un EEG utilise un bonnet avec des électrodes d'enregistrement pour mesurer l'activité cérébrale.

....

....

> Relisez attentivement le texte pour y repérer les mots-clés de la question et ce qui les relie.

2 Utiliser ses connaissances pour dessiner le neurone représenté sur le **DOC. 2** et le légender.

> - Utilisez vos connaissances sur l'organisation d'une cellule nerveuse.
> - N'oubliez pas de donner un titre au dessin.

3 **a.** À l'aide du **DOC. 1**, identifier la cause et les conséquences d'une crise d'épilepsie.

....

....

....

> - Pour répondre à cette question, dressez une liste des conséquences.
> - Les réponses attendues se trouvent dans le texte.

b. À l'aide du **DOC. 3**, décrire précisément les modifications de l'EEG pendant une crise d'épilepsie.

....

....

....

> L'adverbe « précisément » indique qu'il faut citer des valeurs tirées du graphique.

SUJET 10 CORRIGÉS

Je comprends les corrigés

PHYSIQUE-CHIMIE → p. 106

1 La masse de potassium contenue dans un corps de 70 kg est de 240 g, soit 0,240 kg. On en déduit le produit en croix suivant :

0,240 kg	70 kg
x	100 %

Soit $x = \dfrac{0{,}240 \text{ kg} \times 100\ \%}{70 \text{ kg}} = 0{,}34\ \%$.

On peut donc conclure que le potassium est un oligo-élément, car il répond à la définition du **DOC. 1** : un élément présent en faible quantité (0,34 % en masse) et indispensable au bon fonctionnement du corps.

- 0,34 % est une faible quantité, ce qui justifie le terme d'oligo-élément.
- Dans une réponse argumentée, il faut faire appel au document en justifiant tous les points de la définition.

2 **a.**

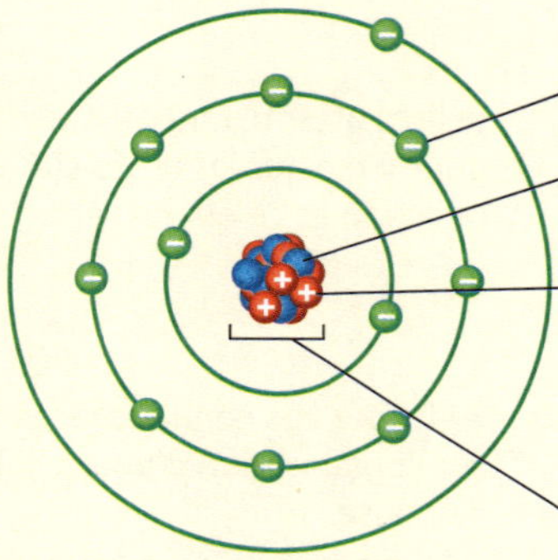

Un nucléon est une particule du noyau.

b. Cet atome comporte 11 électrons ($Z = 11$).
D'après le tableau périodique, il s'agit de l'atome de sodium (Na).

- Un atome est défini par son nombre de protons, égal au numéro atomique Z. En comptant le nombre d'électrons, on en déduit le nombre de protons.
- L'utilisation de la classification périodique permet de conclure.

c. L'atome de sodium possède 11 électrons. L'ion sodium en possède 10.

L'ion sodium possède une charge positive : il a donc perdu 1 électron par rapport à l'atome de sodium.

3 **a.** Ce sont l'ion potassium K^+, l'ion sodium Na^+, l'ion calcium Ca^{2+} et l'ion chlorure Cl^-.

- Les 4 ions et leurs charges sont donnés dans le **DOC. 3**.
- Il faut trouver le symbole grâce à la classification périodique et ajouter en exposant la charge.

b. Un atome de chlore possède **17 électrons**.
Un ion potassium possède **19 protons et 18 électrons**.

La classification périodique indique que l'atome de chlore possède 17 protons, donc l'atome de chlore possède le même nombre d'électrons.

SVT → p. 108

1 Le bonnet contient des électrodes.
Or, ces électrodes détectent l'activité électrique à la surface du crâne. **De plus**, cette activité électrique est le résultat de la communication entre les neurones du cerveau, donc les électrodes permettent d'enregistrer l'activité cérébrale.

> Les connecteurs logiques **or** et **de plus** permettent de lier les éléments du texte entre eux pour construire l'explication demandée.

2

Les différentes parties d'un neurone

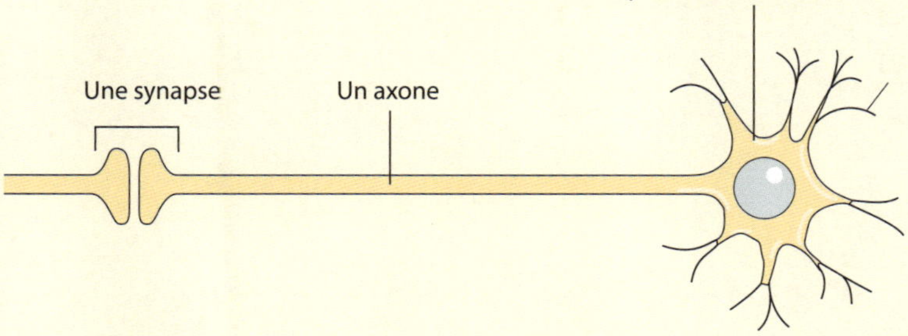

> Dans le dessin, les traits sont nets et les flèches des légendes sont tirées à la règle.

3 **a.** Une crise d'épilepsie est provoquée par des décharges d'influx nerveux anormaux. Ces décharges ont lieu dans une zone précise du cerveau ou dans l'ensemble du cerveau.
Il y a de nombreuses conséquences possibles à une crise d'épilepsie :
- des mouvements et des convulsions ;
- des hallucinations sensorielles (visuelles ou olfactives) ;
- des pertes de conscience ;
- un regard fixe ;
- des gestes répétitifs involontaires.

> La réponse est organisée en deux paragraphes : le premier traite la cause et le second dresse la liste des conséquences.

b. Avant la crise, les signaux électriques enregistrés par les 4 électrodes sont de faible intensité.
La crise débute à la 18e seconde environ et se termine à la 30e seconde (elle a donc duré 12 secondes environ). Pendant la crise, l'intensité des signaux électriques a fortement augmenté ; elle est au moins multipliée par 10 et ce phénomène concerne les 4 électrodes.
Cet enregistrement montre qu'il y a bien eu des décharges d'influx nerveux anormaux.

> La réponse comporte :
> – le nombre d'électrodes utilisées ;
> – le moment du début de la crise ;
> – sa durée ;
> – l'intensité des signaux.

JE FAIS LE POINT

	😊 J'ai bien compris et j'ai réussi	😊 Il manque des connaissances → Je revois le cours	😊 Je n'ai pas compris la méthode → Je relis les conseils
PHYSIQUE-CHIMIE → p. 106			
Question 1	❏	❏	❏
Question 2	❏	❏	❏
Question 3	❏	❏	❏
SVT → p. 108			
Question 1	❏	❏	❏
Question 2	❏	❏	❏
Question 3	❏	❏	❏

SUJET 11

50 pts — 1H

Les séismes

Les sismographes **25 pts** 30 min → Corrigé p. 119

DOC. 1 Principe de fonctionnement du sismographe

Un sismographe permet de visualiser sur un cylindre enregistreur la présence de séisme. Il existe deux types de sismographe : les horizontaux et les verticaux. Dans les deux cas, le stylet est solidaire d'une masse importante qui reste pratiquement immobile. Dans un sismographe horizontal, la potence soutient un fil sur lequel sont fixés la masse et le stylet. Dans un système vertical, un ressort permet de maintenir l'ensemble dans une position que varie uniquement lors d'un séisme. Lors d'une secousse, le socle suit les mouvements du sol et le stylet inscrit les vibrations sur un cylindre enregistreur tournant.

DOC. 2 Histoire du sismographe

C'est un Chinois, l'inventeur Zhang Heng, qui créa le premier sismoscope en 132, le Houfeng Didong Yi. Cet ancêtre du sismographe se présentait sous la forme d'un récipient en bronze (d'environ 2 m de diamètre), contenant un poids suspendu. Huit dragons étaient disposés tout autour du récipient, avec dans la bouche de chacun une boule. Lorsqu'une onde sismique assez importante arrivait, le pendule oscillait dans un sens, ouvrait la bouche d'un dragon et se bloquait pour ne pas déclencher le mécanisme pour un autre dragon. La boule était réceptionnée dans la bouche d'une grenouille, ainsi, il était possible de déterminer la direction dans laquelle avait eu lieu le tremblement de terre, mais non sa distance ou son intensité.

D'après Wikipedia

Par étapes

ÉTAPE 1 Extraire les informations pertinentes

DOC. 1

- Une onde sismique a une composante verticale et une horizontale. Il est donc nécessaire d'avoir à disposition plusieurs sismographes.

DOC. 2

- Le sismographe, comme tous les objets techniques, a connu des évolutions.
- Le Houfeng Didong Yi donnait moins d'informations et était également moins fiable et moins précis.

ÉTAPE 2 Comprendre les documents

DOC. 1

- Quelles sont les différences et les points communs entre le sismographe horizontal et le sismographe vertical ?

DOC. 2

- Comment le système est-il conçu pour qu'une seule boule tombe ?
- Quelles sont les limites de ce système ?

Questions

1 **a.** À l'aide du **DOC. 1**, compléter les schémas suivants :

Sismographe 1

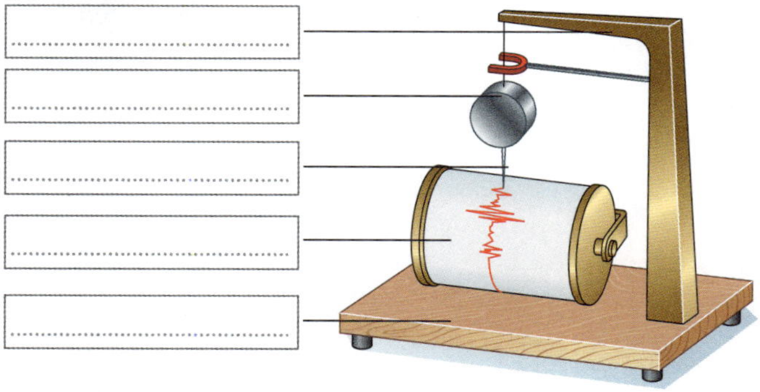

Sismographe 2

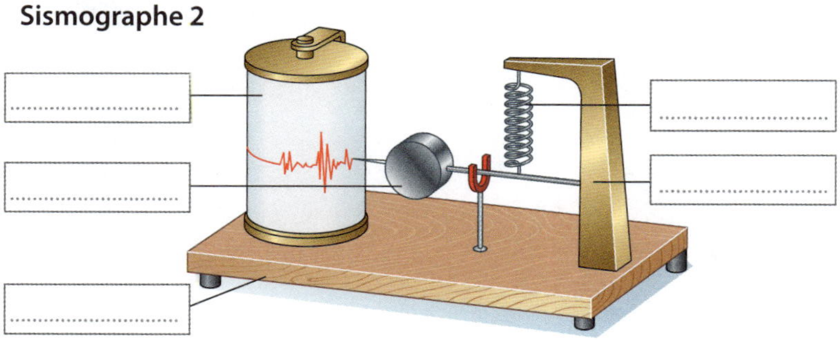

b. À l'aide du **DOC. 1**, relever la partie du sismographe qui est continuellement en mouvement.

....

....

....

....

c. Lequel des deux sismographes du **DOC. 1** permet d'enregistrer des mouvements horizontaux ?

....

....

....

....

Les conseils du prof !

- Vous devez extraire les informations pertinentes du **DOC. 1**.
- Veillez à reprendre le vocabulaire du document.

La réponse est dans le **DOC. 1**.

Un cylindre enregistreur a un diamètre de 9,6 cm. On souhaite avoir un tracé ayant pour échelle 1 cm par seconde.

2 En combien de temps le cylindre doit-il effectuer un tour ? On arrondira à la seconde.

....

....

....

....

....

....

3 a. À l'aide du DOC. 2, indiquer quel est l'intérêt de bloquer le système du Houfeng Didong Yi.

....

....

....

....

....

....

....

b. Quels types de renseignements supplémentaires peut-on obtenir avec les sismographes récents, par rapport à celui de Zhang Heng ?

....

....

....

....

....

....

....

Les conseils du prof !

- Il est nécessaire de faire plusieurs calculs.
- En particulier, il faut déterminer le périmètre du cylindre.

Aidez-vous de la dernière phrase du DOC. 2.

L'évaluation du risque sismique **25 pts** 30 min

→ Corrigé p. 120

Les Pyrénées sont une chaîne de montagnes qui constituent la frontière naturelle entre la France et l'Espagne. Elles sont le résultat de la convergence de la plaque africaine et de la plaque eurasienne. C'est une zone sismique très active, avec environ 600 séismes enregistrés par an.

DOC. 1 Carte des séismes de 1989 à 2006 dans les Pyrénées-Atlantiques

Vingt stations d'enregistrement des séismes sont réparties dans les Pyrénées et forment le réseau de surveillance sismique de ces montagnes. La magnitude définit l'énergie libérée par un séisme. Pour chaque degré de magnitude supplémentaire, l'énergie est 10 fois plus importante (par exemple, un séisme de degré 4 libère dix fois plus d'énergie qu'un séisme de degré 3).

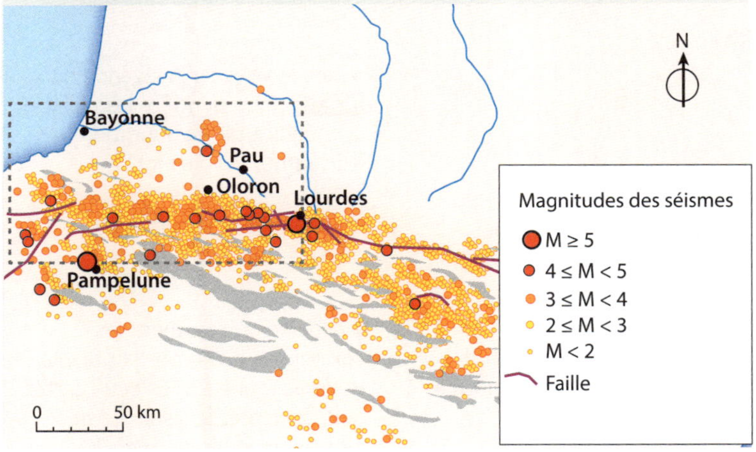

Le rectangle en pointillés désigne la zone du DOC. 2.

DOC. 2 Carte des zones de sismicité dans le sud de la Nouvelle-Aquitaine

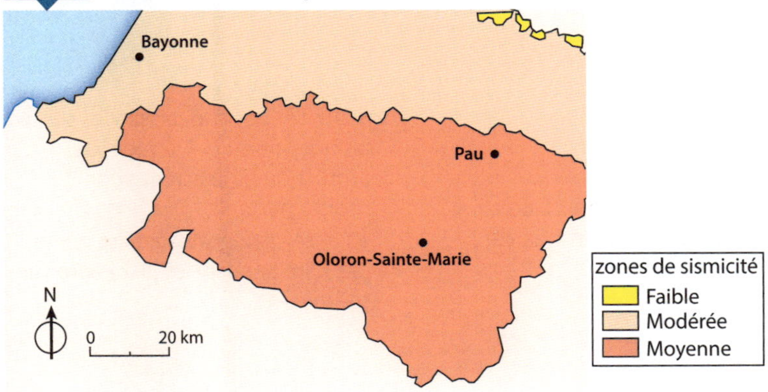

Par étapes

ÉTAPE 1 Extraire les informations pertinentes

DOC. 1

- Le titre indique que la carte a été construite en superposant tous les séismes qui ont eu lieu entre 1989 et 2006.
- La légende de ce document montre la magnitude des séismes enregistrés.
- La magnitude est définie dans le texte qui accompagne la carte.

DOC. 2

- Les couleurs utilisées indiquent la sismicité.
- Seules deux couleurs sont représentées dans le sud de la Nouvelle-Aquitaine : elles correspondent à des sismicités modérée et moyenne.

ÉTAPE 2 Comprendre les documents

DOC. 1

- Comment sont répartis les séismes ?
- Où sont localisés les séismes les plus forts ?
- Où sont situées les villes par rapport aux séismes ?

DOC. 2

- Où se situent les Pyrénées sur la carte ?
- Quelle taille mesure la zone à sismicité moyenne ?

ÉTAPE 3 Mettre en relation les documents

- Pour définir la sismicité d'une zone géographique (DOC. 1), on utilise les localisations connues des principaux séismes qui ont été enregistrés dans le passé (DOC. 2).

Questions

Les conseils du prof !

- Utilisez la définition que vous connaissez des séismes.
- Utilisez vos connaissances sur les plaques lithosphériques.

1 En utilisant ses connaissances, rédiger la définition du terme « séisme », en indiquant la localisation des principales zones sismiques sur Terre.

....

....

....

....

....

- Localisez les reliefs des Pyrénées sur la carte du DOC. 1, puis repérez la localisation des principaux séismes.
- N'oubliez pas de repérer également la direction du Nord.

2 En utilisant le DOC. 1, cocher la ou les bonnes réponses.

a. La majorité des séismes ont eu lieu :
- ❑ essentiellement au sud des Pyrénées ;
- ❑ au nord des Pyrénées ;
- ❑ dans la chaîne des Pyrénées.

b. Les séismes les plus forts ont eu lieu :
- ❑ à proximité des stations sismologiques ;
- ❑ près des failles ;
- ❑ le long d'un axe Est-Ouest.

- Servez-vous de la légende du DOC. 1 pour identifier les failles et la couleur utilisée pour marquer les séismes les plus forts.
- Déterminez les points cardinaux manquants de la carte (sud, est et ouest).

3 a. En utilisant les documents et ses connaissances, expliquer pourquoi Oloron-Sainte-Marie est dans une zone à sismicité moyenne alors que Bayonne est dans une zone à sismicité modérée.

- Repérez où se situent les communes d'Oloron-Sainte-Marie et de Bayonne sur les deux cartes, puis comparez la sismicité des deux lieux et les séismes déjà enregistrés.

....

....

....

....

b. Dans les zones à sismicité moyenne, la construction des bâtiments doit obéir à des règles parasismiques.
En utilisant ses connaissances, expliquer à quoi servent ces règles et rappeler deux comportements à adopter en cas de séisme.

- Utilisez vos connaissances sur les notions de prévention, de protection ou d'atténuation des risques naturels.
- Pensez aux gestes à faire ou ne pas faire pendant et juste après un séisme.

....

....

....

TECHNOLOGIE → p. 114

Je comprends les corrigés

1 a.

Sismographe 1

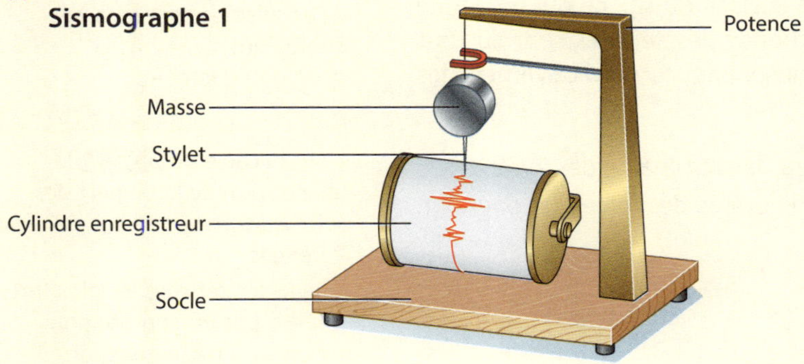

Sismographe 2

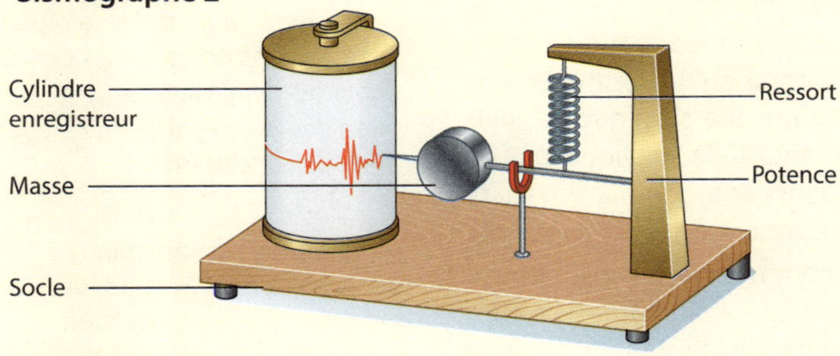

- La potence soutient un fil ou un ressort.
- Le socle est solidaire du sol.
- Le stylet laisse un tracé sur le cylindre enregistreur.
- La masse reste quasiment statique lors d'une secousse.

b. Le cylindre enregistreur est continuellement en rotation.

Le cylindre enregistreur doit être continuellement en rotation afin de conserver un tracé des relevés.

c. C'est le sismographe 1 qui permet d'enregistrer des mouvements horizontaux.

- Lors de secousses horizontales, le socle du sismographe 1 se déplace. Le stylet reste quasiment immobile car il est fixé à la masse.
- On trouve donc, sur le cylindre enregistreur, le tracé lié à ce séisme.

2 Le périmètre du cylindre est égal à $\pi \times 9{,}6$ cm ≈ 30 cm. Le cylindre enregistreur devra donc effectuer le tour en 30 secondes.

Il faut 1 cm par seconde, donc un tour complet est fait en 30 secondes.

3 a. Il est nécessaire de bloquer le système pour ne pas déclencher le mécanisme d'un autre dragon.

- La bille qui tombe permet d'indiquer la direction du séisme.
- Si le système n'est pas bloqué et que plusieurs billes tombent, il est alors impossible de connaître cette direction.

b. Les sismographes récents permettent de connaître la distance et l'intensité des séismes.

Les sismographes récents permettent avec leurs tracés d'avoir des informations supplémentaires et de détecter des séismes de plus faible intensité.

SVT → p. 117

1 Un séisme est une libération brutale d'énergie provoquée par la rupture de roches en profondeur. L'énergie libérée fait vibrer les roches dans toutes les directions jusqu'à la surface du sol, ce qui provoque un tremblement de terre. Dans le monde, les séismes sont surtout localisés à la limite des plaques lithosphériques en mouvement les unes par rapport aux autres.

2 **a.** La majorité des séismes ont eu lieu dans la chaîne des Pyrénées.
b. Les séismes les plus forts ont eu lieu près des failles, le long d'un axe Est-Ouest.

3 **a.** Sur la carte des séismes de 1989 à 2006, on remarque qu'Oloron-Sainte-Marie est entourée par de très nombreux séismes de magnitude comprise entre 2 et 4 alors que Bayonne est plus éloignée de la zone sismique des Pyrénées et n'a connu qu'un séisme proche et de faible magnitude. Par conséquent, le risque sismique est plus faible à Bayonne qu'à Oloron-Sainte-Marie. Cela explique que la commune d'Oloron-Sainte-Marie est dans une zone à sismicité moyenne alors que Bayonne est dans une zone à sismicité modérée.
b. Les règles parasismiques indiquent comment les constructions doivent être réalisées pour résister davantage aux séismes et ainsi protéger les personnes et les biens. En cas de séisme, il faut s'éloigner des bâtiments si on est à l'extérieur, se mettre à l'abri sous une table si on est à l'intérieur et ne pas utiliser le téléphone pour laisser les réseaux libres pour les secours. Après un séisme, il faut s'éloigner des bâtiments.

Je comprends les corrigés

- La définition précise l'origine du séisme et sa conséquence.
- Les séismes sont localisés géologiquement, pas géographiquement.

- Sur la carte du DOC. 1, la localisation de la plupart des séismes correspond aux reliefs des Pyrénées.
- Seuls les séismes les plus forts ont été pris en compte pour répondre à cette question.

- La première partie de la réponse compare les données des cartes pour les deux villes.
- La deuxième partie de la réponse sert de conclusion.

- Le terme « parasismique » doit être défini avec les idées de résistance et de protection.
- La réponse proposée donne plusieurs comportements, mais vous ne deviez en proposer que deux.

JE FAIS LE POINT

	J'ai bien compris et j'ai réussi	Il manque des connaissances → Je revois le cours	Je n'ai pas compris la méthode → Je relis les conseils
TECHNOLOGIE → p. 114			
Question 1	❑	❑	❑
Question 2	❑	❑	❑
Question 3	❑	❑	❑
SVT → p. 117			
Question 1	❑	❑	❑
Question 2	❑	❑	❑
Question 3	❑	❑	❑

SUJET 12

50 pts · 1H

Le robot Curiosity

PHYSIQUE-CHIMIE 25 pts · 30 min

TECHNOLOGIE 25 pts · 30 min

Poids et masse de Curiosity 25 pts 30 min → Corrigé p. 127

DOC. 1 Le robot Curiosity

Le 26 novembre 2011, la NASA envoie sur Mars un véhicule robotisé, appelé Curiosity. Sa mission consiste à rechercher si un environnement favorable à l'apparition de la vie a existé sur Mars, en étudiant la composition minéralogique et la géologie de la planète et en collectant des informations météorologiques.

Curiosity pose ses roues sur le sol martien le 6 août 2012, avec à son bord 75 kg de matériels scientifiques.

Il possède un bras robotisé qui lui permet de prendre des photographies et de prélever des échantillons du sol martien. Avec ses 899 kg, c'est le plus gros robot posé sur une planète extraterrestre ! Il est 5 fois plus lourd que ses prédécesseurs.

DOC. 2 Tableau de correspondance entre masse et poids sur Mars

Masse	3 kg	5 kg	7 kg	11 kg	14 kg
Poids	11,16 N	18,6 N	26 N	41 N	52 N

DOC. 3 Formulaire

- Valeur de l'intensité de la pesanteur à la surface de la Terre :

$$g_T = 9{,}8 \text{ N/kg}.$$

- Valeur de la constante de la gravitation universelle :

$$G = 6{,}67 \times 10^{-11} \text{ N.m}^2\text{/kg}^2.$$

- Masse de Mars :

$$M_M = 0{,}642 \times 10^{24} \text{ kg}.$$

- Rayon de Mars :

$$R_M = 3{,}40 \times 10^6 \text{ kg}.$$

- La valeur de l'intensité de la pesanteur g à la surface d'un astre de masse M et de rayon R est donnée par la relation :

$$g = G \times M/R^2.$$

Par étapes

ÉTAPE 1 Extraire les informations pertinentes

DOC. 1
- La masse de Curiosity est indiquée dans le dernier paragraphe.

DOC. 2
- La distinction entre le poids et la masse est clairement établie.
- Il faudra veiller à maîtriser les unités des deux grandeurs.

ÉTAPE 2 Comprendre les documents

DOC. 2
- **Le titre est important :** il indique clairement que la correspondance du tableau est vraie sur Mars.

ÉTAPE 3 Utiliser un formulaire

DOC. 3
- Un formulaire ou des données sont souvent fournis dans l'énoncé.
- Dans ce cas, il faut garder en mémoire les données fournies, conserver la même norme d'écriture et les utiliser en cas de doute sur les unités.

Questions

1 D'après le **DOC. 1**, quelle est la masse de Curiosity sur Terre ? sur Mars ? Justifier.

2 Donner la formule, avec les unités, reliant le poids à la masse.

3 **a.** En utilisant le **DOC. 2**, tracer la courbe de variation du poids en fonction de la masse sur le papier millimétré ci-dessous. En déduire l'intensité de pesanteur de Mars (g_M).

b. En utilisant la relation fournie dans le **DOC. 3**, exprimer puis calculer la valeur de l'intensité de pesanteur g_M sur Mars. Est-ce cohérent avec le résultat trouvé à la question 3. a ?

c. En déduire le poids de Curiosity sur Terre, puis sur Mars.

Les conseils du prof !

Dans le **DOC. 1**, on ne donne qu'une seule masse pour le robot. Il faut donc se poser des questions et faire appel à ses connaissances.

C'est la relation fondamentale de la gravitation. En cas de doute, la question **3** pourra vous aider.

- N'oubliez pas le nom des axes, en précisant les unités.
- Ici, on demande le poids en fonction de la masse : la masse sera donc en abscisses et le poids en ordonnées.
- g_M est le coefficient de proportionnalité entre la masse et le poids.

- Dans le cas d'une application numérique liée à une formule, il faut respecter la notation du sujet : ce sera la même que celle des données de l'énoncé.
- On calcule de deux manières différentes la même chose : on doit s'attendre à trouver le même ordre de grandeur avec les deux méthodes.

Attention à la valeur de g utilisée : elle dépend de la planète.

Étude du robot Curiosity 25 pts 30 min → Corrigé p. 127

DOC. 1 Quelques caractéristiques du robot Curiosity

Le nouveau robot martien de la Nasa a décollé de Cap Canaveral le 26 novembre 2011, à 16 h 02 (heure française) à bord de la fusée américaine Atlas V.

Le robot Curiosity dispose d'un générateur électrique nucléaire générant une puissance initiale d'environ 2 000 W thermiques, convertis en 120 W électriques par des thermocouples. Un système de radiateurs comportant près de 50 m de tubes dans lesquels circule un fluide caloporteur permet de maintenir les systèmes électroniques à une température acceptable.

Pour communiquer avec la Terre, Curiosity dispose de plusieurs antennes. Une antenne fonctionnant en bande radio UHF est utilisée pour les communications à courte portée avec les sondes en orbite autour de Mars. Les deux antennes en bandes X (radio), sont quant à elle utilisées pour les communications à longue distance directement avec la Terre.

DOC. 2 Quelques caractéristiques de Mars

L'atmosphère de Mars est parfois animée de tempêtes qui englobent toute la planète et limitent l'éclairement en soulevant des poussières. L'hémisphère Nord de Mars connaît des saisons moins marquées que l'hémisphère Sud, avec des hivers courts et doux. À l'inverse, l'hémisphère Sud connaît des hivers longs et très froids.

DOC. 3 Schéma cinématique de la partie gauche du robot Curiosity

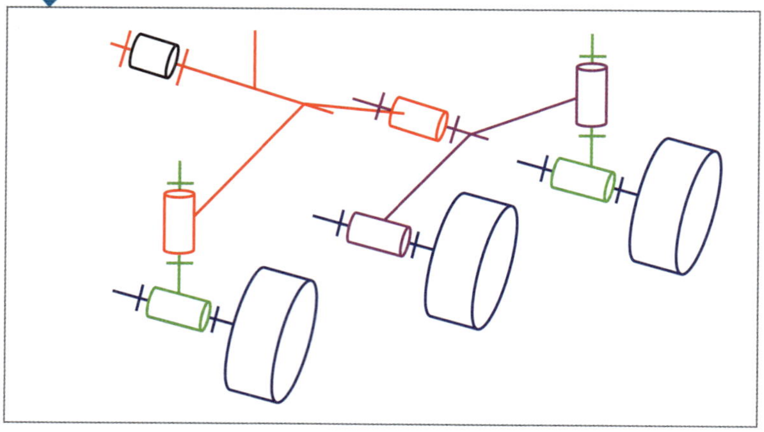

Par étapes

ÉTAPE 1 Extraire les informations pertinentes

DOC. 1

- **Le premier paragraphe** permet de connaître le contexte de l'envoi de Curiosity vers Mars.
- **Le deuxième paragraphe** détaille le fonctionnement de la source d'énergie permettant l'alimentation du robot.
- **Le dernier paragraphe** détaille le principe de transmission des informations avec la Terre.

DOC. 2

- Il donne des informations sur les conditions rencontrées sur Mars.

DOC. 3

- C'est le schéma cinématique partiel de Curiosity : il donne des informations sur le principe de déplacement.

ÉTAPE 2 Comprendre les documents

DOC. 1

- Comment Curiosity est-il alimenté en électricité ?
- Comment est-il chauffé ?

Questions

1 a. À l'aide du **DOC. 2**, expliquer pourquoi il est préférable pour le robot Curiosity de travailler dans l'hémisphère Nord.

....

....

....

....

Les conseils du prof !

b. À l'aide du **DOC. 1**, déterminer quel type de signal est utilisé pour communiquer avec la Terre.

....

....

....

....

> Cette question porte sur les différents types de transmission de signaux.

c. À l'aide du **DOC. 1**, compléter le schéma suivant :

Énergie d'entrée : .... → Thermocouples → Énergie de sortie : ....

> Cette question fait appel à vos connaissances concernant les différentes énergies.

d. Pourquoi a-t-on choisi un générateur nucléaire plutôt que des panneaux solaires pour équiper le robot Curiosity ?

....

....

....

....

> - Vous devez extraire les informations pertinentes du **DOC. 2**.
> - Cette question fait appel à vos connaissances concernant les différentes énergies.

2 À l'aide du **DOC. 3**, déterminer combien de roues (de chaque côté) permettent de diriger le robot.

....

....

....

....

....

> Cette question fait appel à vos connaissances concernant la schématisation.

3 Les ingénieurs souhaitent faire faire un demi-tour à Curiosity. Ils testent le script suivant pour la roue gauche en sachant que la vitesse de rotation ne peut pas changer.
Après l'avoir testé, ils se rendent compte que le robot a fait une rotation de 20°.

Corriger ce script afin de faire effectuer au robot un demi-tour complet.

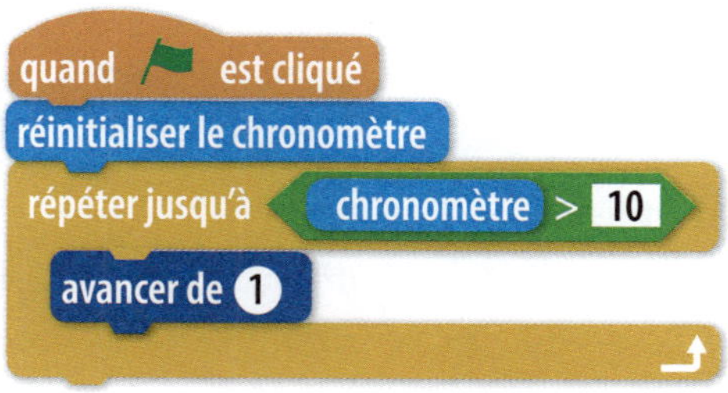

› Mon brouillon

Les conseils du prof !

- Utilisez vos connaissances sur le principe de codage rencontré lors de la réalisation d'un script.
- 1 demi-tour complet = 180°.

PHYSIQUE-CHIMIE → p. 122

1 La masse est invariable. Celle de Curiosity sur Mars est donc la même que sur Terre : 899 kg.

2 $P = m \times g$, où P désigne le poids (en newton, N) ; m la masse (en kilogramme, kg) ; et g l'intensité de la pesanteur (en newton par kilogramme, N/kg).

3 **a.**

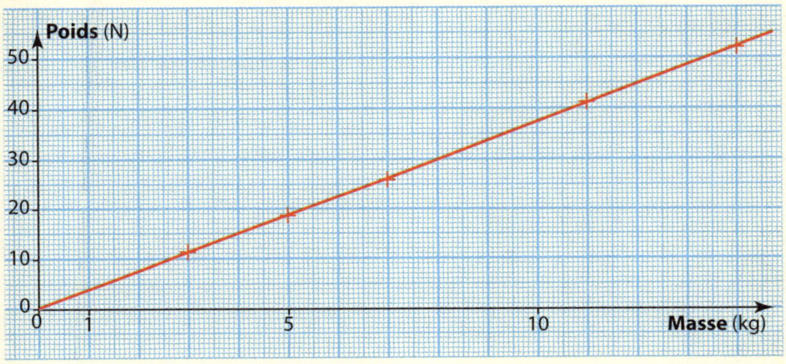

D'après le graphique, on obtient une droite qui passe par l'origine.

g est donc le coefficient de proportionnalité,

soit $g = \dfrac{P}{m} = 18{,}6 \text{ N}/5 \text{ kg} \approx 3{,}7 \text{ N/kg}$.

b. $g_M = G \times \dfrac{M_M}{R_M{}^2}$,

soit $g_M = 6{,}67 \times 10^{-11} \times 0{,}642 \times \dfrac{10^{24}}{(3{,}40 \times 10^6)^2} \approx 3{,}7 \text{ N/kg}$.

On retombe bien sur la même valeur.

c. $P = m \times g$.
- Sur Mars, $g_M = 3{,}7$ N/kg, donc $P_M = 899 \text{ kg} \times 3{,}7 \text{ N/kg} \approx 3\,326$ N.
- Sur Terre, $g_T = 9{,}8$ N/kg, donc $P_T = 899 \text{ kg} \times 9{,}8 \text{ N/kg} \approx 8\,810$ N.

TECHNOLOGIE → p. 124

1 **a.** Il est préférable que Curiosity travaille dans l'hémisphère Nord, car les saisons y sont moins marquées.

Je comprends les corrigés

Une réponse du type « la masse ne change pas » ne répond pas à la question, même si on montre que l'on connaît le problème.

- Un tracé sur papier millimétré doit être précis et réalisé au crayon de papier. Les croix doivent être bien visibles.
- Il n'est pas nécessaire de marquer toutes les divisions, c'est une perte de temps et cela alourdit le graphique.
- N'oubliez pas de donner un nom aux axes.
- Pour que ce soit une situation de proportionnalité, il faut obtenir une droite qui passe par l'origine.

- Il faut savoir faire un calcul avec les puissances de 10 sur une calculatrice.
- Le résultat est connu : en cas d'erreur, reprenez la formule puis le calcul, et n'hésitez pas à utiliser les parenthèses sur la calculatrice.

On applique la formule $P = m \times g$, en utilisant l'intensité de pesanteur de la planète qui nous intéresse.

L'hémisphère Nord connaît des saisons moins marquées que l'hémisphère Sud, avec des hivers courts et doux. Le robot utilise donc moins d'énergie pour maintenir une température acceptable pour les systèmes électroniques.

Je comprends les corrigés

b. Curiosity utilise des ondes radio pour communiquer avec la Terre.

> Pour communiquer avec la Terre, Curiosity dispose de deux antennes en bandes X (radio).

c.

Énergie thermique → Thermocouples → **Énergie électrique**

> Les thermocouples transforment une partie des 2 000 W thermiques en 120 W électriques.

d. Le générateur nucléaire permet d'avoir une production d'énergie quasi constante, contrairement à l'utilisation de panneaux solaires, en particulier sur Mars où il y a des tempêtes limitant l'éclairement.

> Les générateurs nucléaires ont une durée de vie importante et une production d'énergie qui ne varie quasiment pas en fonction des contraintes extérieures.

2 Il y a 2 roues par côté permettant de diriger Curiosity.

> - Les liaisons représentées sont des pivots.
> - On voit, sur les roues avant et arrière, une liaison verticale permettant à Curiosity de se diriger.

3

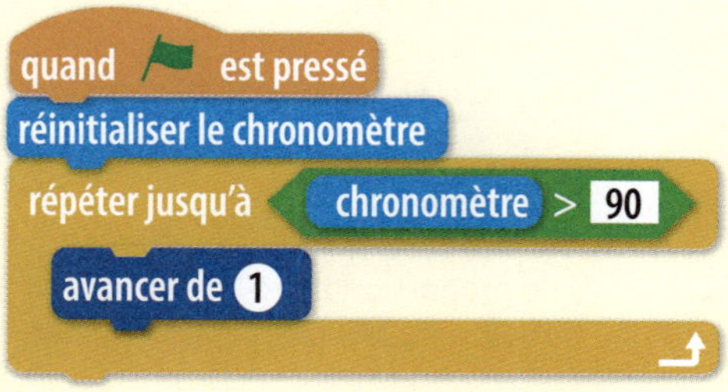

> - La valeur donnée par le chronomètre évolue au cours du temps.
> - Une durée de 10 s permet de faire une rotation de 20°, il faut donc 90 s pour faire faire un demi-tour complet.

JE FAIS LE POINT

	J'ai bien compris et j'ai réussi	Il manque des connaissances → Je revois le cours	Je n'ai pas compris la méthode → Je relis les conseils
PHYSIQUE-CHIMIE → p. 122			
▶ **Question 1**	❑	❑	❑
▶ **Question 2**	❑	❑	❑
▶ **Question 3**	❑	❑	❑
TECHNOLOGIE → p. 124			
▶ **Question 1**	❑	❑	❑
▶ **Question 2**	❑	❑	❑
▶ **Question 3**	❑	❑	❑

fiches de synthèse

1. Nombres et calculs

A Nombres relatifs

a. Addition

- Si les deux nombres ont le même signe, on garde le signe commun : $(-3) + (-7) = -10$.
- Si les deux nombres sont de signes contraires, on prend le signe du nombre le plus éloigné de zéro : $(-8) + (+5) = -3$; $(-2) + (+6) = +4$.

b. Soustraction

Pour soustraire un nombre relatif, on ajoute l'**opposé de** ce nombre : $(+9) - (-3) = (+9) + (+3) = 12$.

c. Multiplication et division

- Le produit ou le quotient de deux nombres relatifs **de même signe** est **positif** : $(-12) : (-3) = 4$.
- Le produit ou le quotient de deux nombres relatifs **de signes différents** est **négatif** : $12 \times (-3) = -36$ et $12 : (-3) = -4$.

B Diviseurs et multiples

- Un nombre **premier** est un nombre entier qui n'a que **deux diviseurs** : 1 et lui-même.
- Un nombre entier supérieur ou égal à 2 se décompose en **produit de facteurs premiers**. Cette décomposition est unique, à l'ordre près. Par exemple, $18 = 2 \times 3 \times 3$.

C Nombres en écritures fractionnaires

- Le quotient de deux nombres ne change pas quand on multiplie (ou divise) son numérateur et son dénominateur **par un même nombre**, différent de 0 : $\frac{a}{b} = \frac{k \times a}{k \times b}$.
- Pour **additionner ou soustraire des fractions**, on écrit d'abord les deux nombres avec le même dénominateur : $\frac{7}{9} + \frac{5}{6} = \frac{7 \times 2}{9 \times 2} + \frac{5 \times 3}{6 \times 3} = \frac{14}{18} + \frac{15}{18} = \frac{29}{18}$.
- Pour **multiplier des fractions**, on multiplie les numérateurs entre eux, et les dénominateurs entre eux : $\frac{7}{9} \times \frac{5}{6} = \frac{7 \times 5}{9 \times 6} = \frac{35}{54}$.
- Pour **diviser par une fraction**, on multiplie par son **inverse** : $\frac{7}{9} : \frac{5}{6} = \frac{7}{9} \times \frac{6}{5} = \frac{7 \times 6}{9 \times 5} = \frac{42}{45}$.

D Puissances d'un nombre relatif

- a, b désignent des nombres relatifs et m, n sont des entiers relatifs non nuls.

$a^n = \underbrace{a \times a \times \ldots \times a}_{n \text{ facteurs}}$ $(a > 2)$; $a^1 = a$; $a^0 = 1$ (si $a \neq 0$) ; $a^{-n} = \frac{1}{a^n}$ (si $a \neq 0$).

- m et n désignent deux nombres entiers relatifs : $10^m \times 10^n = 10^{m+n}$ et $\frac{10^m}{10^n} = 10^{m-n}$.

E Calcul littéral

a. Développement et factorisation

- **Développer**, c'est transformer un produit en somme algébrique :
$k(a + b) = ka + kb$; $k(a - b) = ka - kb$; $(a + b)(c + d) = ac + ad + bc + bd$.
- **Factoriser**, c'est transformer une somme algébrique en produits : $ka + kb = k(a + b)$;
- **Réduire** une somme (ou une différence), c'est l'écrire avec le moins de termes possible

b. Identités remarquables

Développement	Développement	Développement
$(a + b)^2 = a^2 + 2ab + b^2$	$(a - b)^2 = a^2 - 2ab + b^2$	$(a + b)(a - b) = a^2 - b^2$
Factorisation	Factorisation	Factorisation

2. Organisation et gestion de données, fonctions

A Statistiques

- L'**effectif** d'une donnée est le nombre de fois où elle apparaît dans une liste. L'**effectif total** est le nombre total de données dans la liste.
- **Fréquence d'une donnée** = $\frac{\text{Effectif de la donnée}}{\text{Effectif total}}$ • **Moyenne** = $\frac{\text{Somme des valeurs}}{\text{Effectif total}}$
- La **médiane** d'une série ordonnée est un nombre M tel qu'au moins la moitié des valeurs sont inférieures ou égales à M et au moins la moitié des valeurs sont supérieures ou égales à M.
- L'**étendue** d'une série est la différence entre la plus grande et la plus petite des valeurs.

B Probabilités

- Une expérience est dite **aléatoire** lorsqu'elle a plusieurs résultats ou issues possibles et que l'on ne peut pas prévoir avec certitude quelle issue se produira.
- Quand on lance un dé numéroté de 1 à 6, il y a 6 **issues** possibles : 1, 2, 3, 4, 5 et 6.
- La **probabilité d'une issue** est un nombre compris entre 0 et 1. Dans l'expérience du lancer de dé, la probabilité de l'issue « obtenir 5 » est $\frac{1}{6}$.
- La probabilité de l'événement A « obtenir un multiple de 3 » est $P(A) = \frac{2}{6}$.
- L'événement contraire de A est « obtenir un nombre qui n'est pas un multiple de 3 ». Sa probabilité est **1 – P(A)**, c'est-à-dire $1 - \frac{2}{6} = \frac{4}{6}$.

C Proportionnalité et pourcentages

a. Proportionnalité

- Un tableau est dit de **proportionnalité** lorsqu'on obtient chaque nombre d'une ligne en multipliant le nombre correspondant de l'autre ligne par un même nombre, appelé **coefficient de proportionnalité**.
- Dans un tableau de proportionnalité, on peut écrire l'égalité des **produits en croix** :

a	c
b	d

$a \times d = b \times c$

- Une situation de proportionnalité est représentée graphiquement par des **points alignés avec l'origine du repère.**

b. Pourcentages

- $15\ \% = \frac{15}{100} = 0{,}15$; 15 % de 40 €, c'est $\frac{15}{100} \times 40$ €, soit 6 €.
- Calculer un **pourcentage** revient à écrire une proportion de dénominateur 100.
- **Augmenter** une quantité de 15 % revient à la multiplier par $1 + \frac{15}{100}$, c'est-à-dire par 1,15.

B Fonctions

- À un nombre x, une **fonction** f associe un nombre et un seul, que l'on note $f(x)$ (« f de x »). On dit que $f(x)$ est l'image de x par la fonction f.
- *Si* $f(a) = b$, alors a est un **antécédent** de b et b est l'**image** de a.
- La **fonction linéaire** f de coefficient a est telle que $f(x) = ax$. La représentation graphique d'une fonction linéaire est une droite (d) qui passe par l'origine du repère.
- Une **fonction affine** est de la forme $ax + b$. Sa représentation est une droite (d') parallèle à la droite (d).

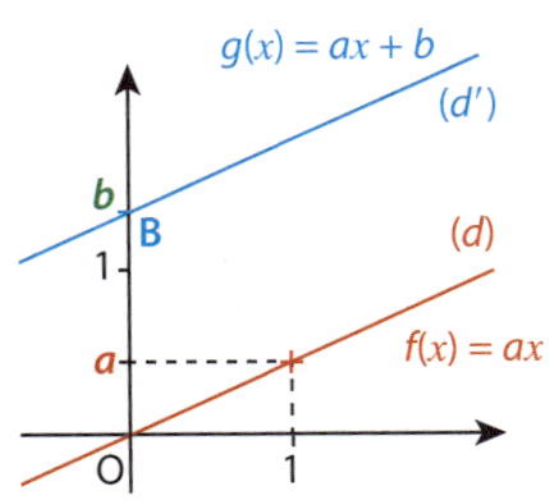

3. Grandeurs et mesures

A Périmètres et aires

a. Unités de longueur

km	hm	dam	m	dm	cm	mm
		2	5	0	0	

25 m = 2 500 cm

b. Unités d'aire

km²		hm²		dam²		m²		dm²		cm²		mm²	
						2	5	0	0	0	0		

25 m² = 2 500 dm² = 250 000 cm²

c. Calculs de périmètres et d'aires

- **Rectangle**
Périmètre :
$2 \times L + 2 \times \ell$
Aire : $L \times \ell$

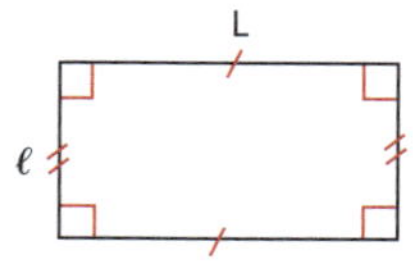

- **Carré**
Périmètre :
$4 \times c$
Aire : $c \times c = c^2$

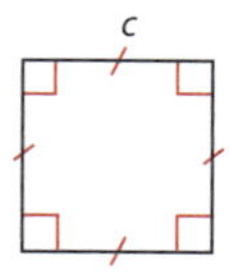

- **Triangle rectangle**
Périmètre : $a + b + c$
Aire : $\dfrac{a \times b}{2}$

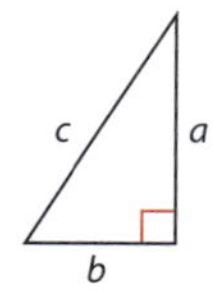

- **Triangle**
Aire : $\dfrac{c \times h}{2}$

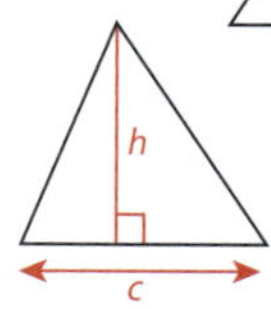

- **Cercle, disque**
Périmètre : $2\pi R$
Aire : πR^2

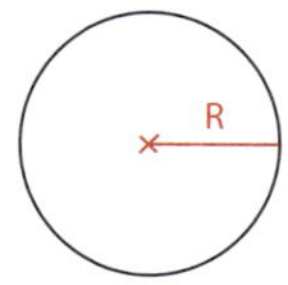

B Volumes

a. Unités de volume et de contenance

		m³			dm³			cm³			mm³
			hL	daL	L	dL	cL	mL			
	2	5	0	0	0	0	0	0			

25 m³ = 25 000 000 cm³
25 m³ = 25 000 L.

b. Calcul de volumes

	Cube	Pavé droit	Prisme droit	Cylindre
	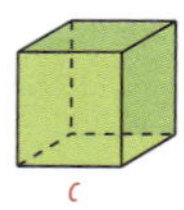	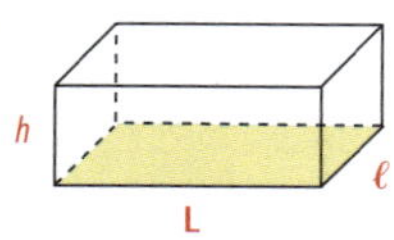	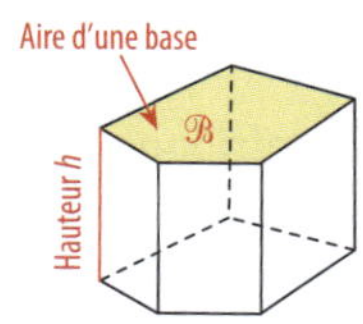	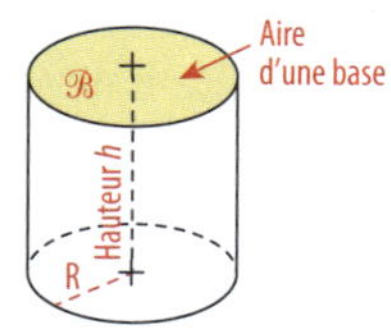
Volume	$c \times c \times c$ ou c^3	$L \times \ell \times h$	$\mathcal{B} \times h$	$\mathcal{B} \times h$ ou $\pi \times R^2 \times h$

	Pyramide	Cône	Boule
	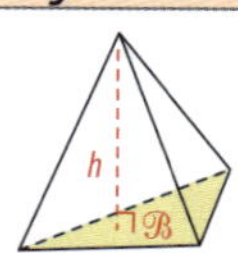	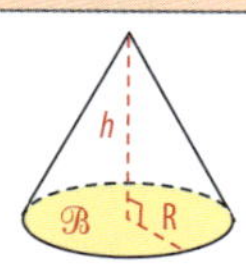	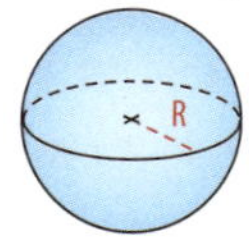
Volume	$(\mathcal{B} \times h) : 3$	$(\mathcal{B} \times h) : 3$ ou $(\pi \times R^2 \times h) : 3$	$(4 \times \pi \times R^3) : 3$

B Agrandissement-réduction

- Agrandir ou réduire une figure dans un rapport k, c'est construire une figure de même forme en multipliant les longueurs de la figure initiale par un nombre k strictement positif.
Si $k > 1$, il s'agit d'un **agrandissement**. Si $0 < k < 1$, il s'agit d'une **réduction**.
- Dans un agrandissement ou une réduction dans le rapport k, les **longueurs** sont toutes multipliées par k ; les **mesures des angles** sont **conservées** ; l'**aire** d'une surface est multipliée par k^2 ; le **volume** d'un solide est multiplié par k^3.

4. Espace et géométrie

A Triangles rectangles

a. Théorème de Pythagore

Si ABC est un triangle rectangle en A, alors $BC^2 = AB^2 + AC^2$.

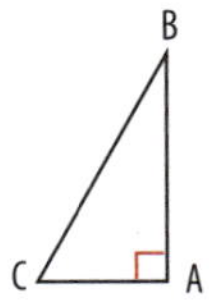

b. Réciproque du théorème de Pythagore

Si, dans un triangle ABC, on a $BC^2 = AB^2 + AC^2$, alors le triangle ABC est rectangle en A.

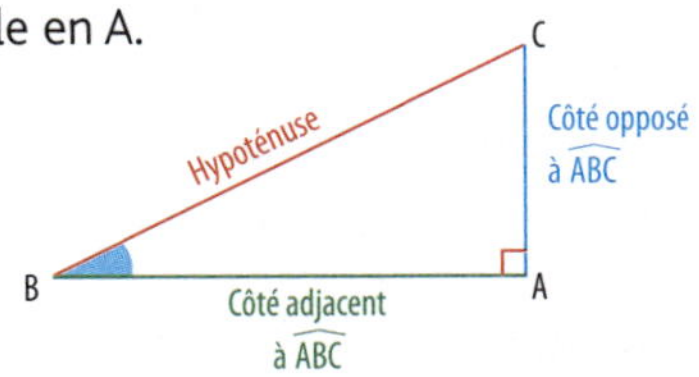

c. Trigonométrie du triangle rectangle

Dans un triangle ABC rectangle en A :

$$\cos \widehat{ABC} = \frac{AB}{BC} \ ; \ \sin \widehat{ABC} = \frac{AC}{BC} \ ; \ \tan \widehat{ABC} = \frac{AC}{AB}.$$

B Droites parallèles

a. Théorème de Thalès

Si deux droites (BM) et (CN) sécantes en A sont coupées par deux droites parallèles (BC) et (MN), alors :

$$\frac{AM}{AB} = \frac{AN}{AC} = \frac{MN}{BC}$$

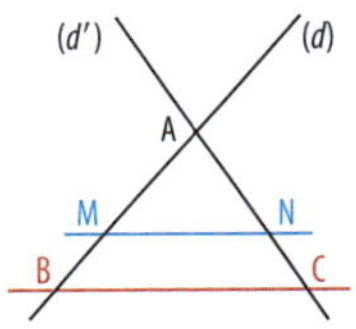

b. Réciproque du théorème de Thalès

(BM) et (CN) sont deux droites sécantes en A.

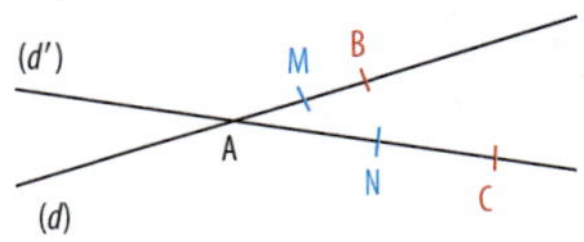

Si $\frac{AM}{AB} = \frac{AN}{AC}$ et si les points A, M, B et les points A, N, C sont dans le même ordre, alors les droites (BC) et (MN) sont **parallèles**.

C Triangles semblables et égaux

- Des triangles sont **égaux** si les longueurs de leurs côtés sont égales deux à deux.
- Des triangles **semblables** sont des triangles qui ont leurs angles deux à deux de même mesure.
- Si deux triangles sont semblables, alors les longueurs de leurs côtés sont deux à deux proportionnelles.
- Si les longueurs des côtés de deux triangles sont deux à deux proportionnelles, alors ces triangles sont semblables.

D Transformations

- Une **translation** permet de faire glisser une figure parallèlement à une droite sans la déformer, ni la retourner.

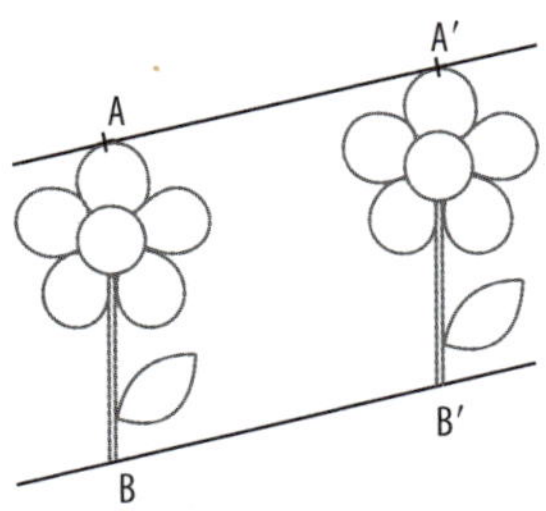

(AA') // (BB') et AA' = BB'.

- Une **rotation** de centre O et d'angle α permet de faire tourner une figure autour du point O dans le sens de la flèche d'un angle α sans la déformer.

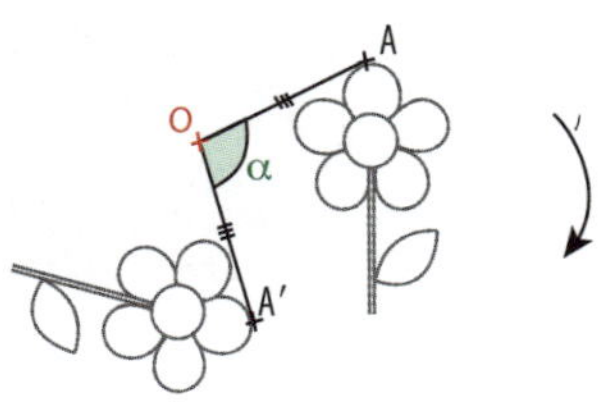

$OA = OA'$ et $\widehat{AOA'} = \alpha$.

- Une **homothétie** de rapport k permet d'agrandir ou de réduire une figure à partir d'un point choisi comme centre.

Sur ces figures, AB'C' est l'image du triangle ABC par l'homothétie de centre A.

$k = 2$

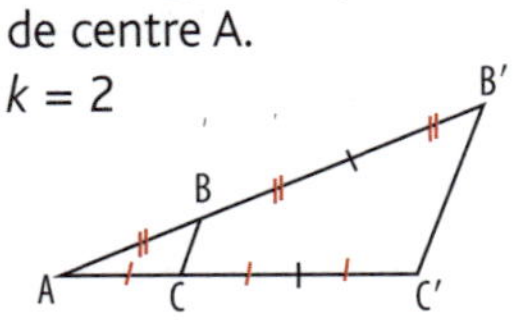

$k = -\frac{1}{2}$

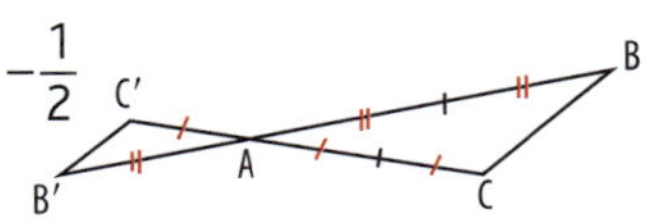

5. Algorithmique et programmation

A Programmes et instructions

- Un **programme** (ou script) est constitué d'**instructions** (ou commandes).
- L'**exécution** d'un programme peut être déclenchée par un événement (l'appui sur une touche du clavier, un bouton de la souris...).

B Boucles

Une boucle permet de répéter des instructions :

- soit un nombre de fois prévu à l'avance ;

Le lutin avance 5 fois de 10.

- soit jusqu'à ce qu'une condition soit vraie ;

Le lutin avance sans cesse de 10 jusqu'à ce qu'il touche le bord.

- soit indéfiniment « sans arrêt ».

Le lutin avance de 10 et il ne s'arrête jamais.

C Variables

- Dans un programme, une **variable** permet de **stocker** des valeurs. Cette variable est désignée par son nom et elle peut évoluer lors du déroulement du programme.

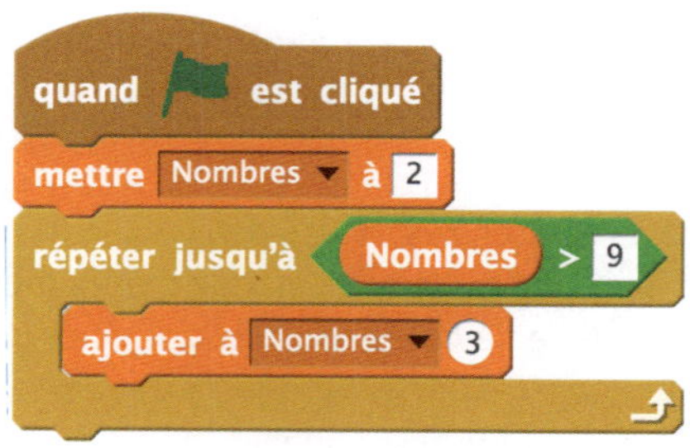

	Valeur
Début	2
1	5
2	8
Fin	11

D Instructions conditionnelles

- « **Si** condition **alors** instructions » exécute des instructions uniquement lorsqu'une condition est vraie.

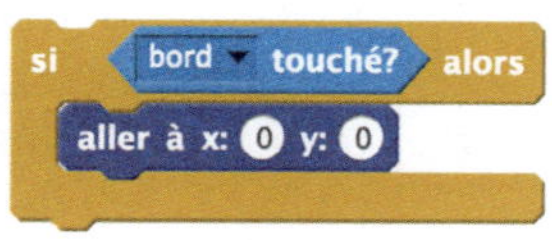

Si le lutin touche le bord il se rend au point de coordonnées (0 ; 0).

- « **Si** condition **alors** instructions **sinon** instructions » exécute en plus des instructions lorsque la condition est fausse.

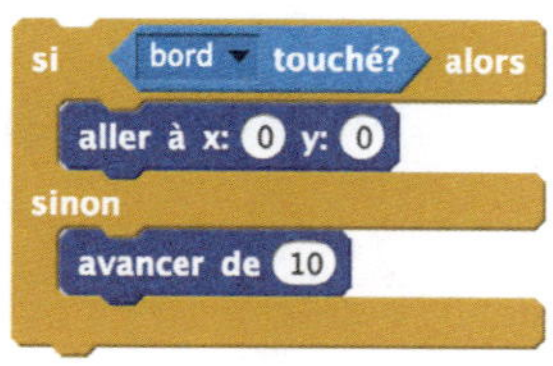

Si le lutin touche le bord, il se rend au point de coordonnées (0 ; 0). Sinon il avance de 10.

1. Organisation et transformations de la matière

A Les états de la matière

a. Les différents états

- La matière existe sous 3 états : **solide, liquide et gazeux.**
- Les différents états s'expliquent par leurs **propriétés microscopiques**.
- Un **mélange** contient plusieurs espèces chimiques. Un **corps pur** est constitué d'une seule espèce chimique. L'**air** est un mélange de gaz.
- Les températures de **changement d'état** sont des caractéristiques d'un corps pur dans les conditions de l'expérience.
- La **vaporisation** d'un corps est le passage de l'état liquide à l'état gazeux. La **liquéfaction** est le passage de l'état gazeux à l'état liquide. La **solidification** est le passage de l'état liquide à l'état solide. La **fusion** est le passage de l'état liquide à l'état solide.
- Les changements d'état s'accompagnent de **transferts d'énergie**.

Remarque
Durant un changement d'état, la **masse du corps se conserve mais son volume varie.**

b. Dissolutions dans une solution

- Une **solution** est un mélange de liquides homogène.
- Les **solutés** sont des espèces chimiques dissoutes dans un **solvant** (comme du sel dans de l'eau)
- La **solubilité** est la masse maximale d'un soluté dissout dans un solvant. Elle dépend du solvant, du soluté et de la température (par exemple, la solubilité du sel à 20 °C dans l'eau est de 358,5 g/L).
- Deux liquides sont **miscibles** si le mélange de ces deux liquides est **homogène**. Lorsque le mélange est **hétérogène**, les liquides sont **non-miscibles**.
- La **masse volumique** ρ d'une espèce chimique est le quotient de la masse m d'un échantillon de cette espèce par son volume V : $\rho = m/V$.

B Les transformations chimiques

a. La matière

- La matière est constituée d'**atomes**, dont la taille a pour ordre de grandeur 10^{-10} m.
- Une **molécule** est un assemblage d'atomes.
- L'atome est constitué d'un **noyau** comportant deux types de **nucléons** : les **protons** et les **neutrons**. Les **électrons** gravitent autour du noyau.
- L'atome se caractérise par son **nombre de protons,** appelé **numéro atomique**.
- L'atome est **électriquement neutre**.
- Un **ion** est une **espèce chargée** : c'est un atome ou une molécule qui a gagné ou perdu un ou plusieurs électrons. Les ions peuvent être mis en évidence grâce à des tests caractéristiques.

b. La réaction chimique

- Une réaction chimique est une redistribution des atomes : les **réactifs** se transforment en **produits**.
- Au cours d'une réaction chimique, la **masse se conserve**.

c. Les propriétés acido-basiques d'une solution

- Le **pH** est un nombre sans unité compris entre 0 et 14. Il correspond à la concentration en ions H^+ d'une solution.
- Une solution est **acide** si son pH est inférieur à 7, **basique** si son pH est supérieur à 7 et **neutre** si son pH est égal à 7.
- Une solution **acide** contient plus d'ions H^+ que d'ions OH^-. Une solution **basique** contient plus d'ions OH^- que d'ions H^+.

Remarque
Le pH se mesure avec un pH-mètre ou du papier pH.

- Les solutions acides **réagissent** avec certains **métaux** pour former entre autres du dihydrogène (H_2), un gaz inflammable.

C Les transformations nucléaires

- Une **réaction nucléaire** est une modification des noyaux des atomes.
- Les **nucléons se conservent** lors d'une réaction nucléaire.

D L'organisation de la matière dans l'Univers

- Le **système solaire** est constitué d'une **étoile**, le Soleil, autour de laquelle gravitent des corps dont 8 **planètes** : Mercure, Vénus, la Terre, Mars, Jupiter, Saturne, Uranus et Neptune.
- La matière observable est partout de **même nature** et obéit aux **mêmes lois**.
- Les **distances** qui séparent les différentes étoiles sont considérables.
- **L'année lumière (al)** est la distance parcourue par la lumière en une année.

Remarque
Le diamètre du système solaire est de l'ordre de **10^{10} km**. Celui de la Voie lactée est de l'ordre de 10^5 al.

2. Énergie et conversions

A Les formes d'énergie

- L'unité de l'énergie est le **joule** (J).
- Les sources d'**énergie renouvelable** (bois, solaire...) se renouvellent à l'échelle humaine, à l'inverse des énergies non renouvelables (pétrole, uranium) qui ont des stocks limités.
- L'énergie existe sous **différentes formes** : cinétique, liée à la vitesse ; potentielle, liée au poids ; thermique ; électrique ; chimique ; nucléaire ; lumineuse...
- Une forme d'énergie peut être convertie en une autre forme. Lors d'une conversion, l'**énergie se conserve**.
- La variation d'énergie dépend de la puissance et du temps : $\Delta E = P \times t$ (avec P en watt et t en seconde).

B L'énergie électrique et les lois de l'électricité

- Dans un circuit électrique à une seule maille, l'**intensité** du courant électrique (en A) est la même en tout point du circuit qui ne compte que des dipôles **en série**. La **tension** (en V) entre les bornes du générateur est égale à la somme des tensions entre les bornes des dipôles de la maille.
- La tension aux bornes de dipôles **en dérivation** est la même.
- Dans un circuit à plusieurs mailles, l'intensité du courant électrique dans la maille principale contenant le générateur est égale à la **somme des intensités des courants** dans les mailles dérivées.
- La **loi d'Ohm** est la relation liant la tension et l'intensité dans un conducteur ohmique :
U (en V) = R (en Ω) × I (A), où R est la résistance du conducteur.
- La **puissance électrique** P en watt (W) d'un appareil électrique est **$P = U \times I$**, où U est la tension aux bornes de l'appareil et I l'intensité qui traverse l'appareil.
- L'**énergie électrique** s'exprime généralement en **kilowattheure** : 1 kWh = 3 600 kJ.
- L'électricité peut être **dangereuse** pour les matériels et les personnes.

3. Mouvements et interactions

A Caractériser un mouvement

- Un **mouvement** dépend nécessairement d'un **observateur**.
- La **trajectoire** d'un point d'un objet est la ligne formée par l'ensemble des positions successives occupées par ce point. Lorsque la trajectoire d'un point d'un corps est une droite, on dit que le

mouvement est **rectiligne**. Il est **curviligne** quand la trajectoire est une courbe et **circulaire** quand la trajectoire est un cercle.

- Pour caractériser un mouvement, il est nécessaire de préciser la **vitesse** de l'objet étudié, en indiquant notamment la **direction**, le **sens** et la **valeur** de cette vitesse.
- Un mouvement est **uniforme** quand sa vitesse est **constante**.
- Pour un mouvement uniforme, la **vitesse** v (en m/s) est égale à $\boldsymbol{d/t}$ où d est la distance parcourue (en m) pendant le temps t (en s).

B Modéliser une interaction

- Deux corps sont en **interaction** si le mouvement de l'un dépend de la présence de l'autre, et réciproquement. Chacun de ses deux corps exerce une **action mécanique** sur l'autre, modélisée par une **force**, caractérisée par un **point d'application**, une **direction**, un **sens** et une **valeur,** exprimée en newton (N).
- Les **interactions à distance** ne nécessitent pas de contact entre les deux corps.
- L'**interaction gravitationnelle** entre deux corps de centres A et B, de masses respectives m_A et m_B, séparés d'une distance d, est modélisée par des **forces d'attraction gravitationnelle** dont :

– le point d'application est le centre du corps qui subit la force ;
– la direction est la droite AB ;
– le sens est vers le corps qui exerce la force (force attractive) ;
– la valeur est :
$\boldsymbol{F = G \times m_A \times m_B / d^2}$ avec F en N, m_A et m_B en kg, d en m et
$G = 6{,}67 \times 10^{-11}$ N × m²/kg², la constante de gravitation.

- Un objet proche de la surface d'un astre, de masse m, subit une force d'attraction gravitationnelle exercée par l'astre, nommée **poids** ou **force de pesanteur** et d'intensité $P = m \times g$, avec P en N, m en kg et g l'intensité de pesanteur de l'astre, en N/kg.
- L'**intensité de pesanteur** dépend de l'astre.

> **Remarque**
> Sur Terre, l'intensité de pesanteur vaut en moyenne 9,81 N/kg.

4. Des signaux pour communiquer

A Les signaux

a. Les signaux lumineux

- La lumière n'a pas besoin de milieu matériel pour se propager. Elle se **propage dans le vide.**
- La **lumière se propage en ligne droite dans le vide** : sa **vitesse** y est de $c = 3{,}00 \times 10^8$ m/s
- L'**œil** est un récepteur de lumière capable de recevoir la lumière visible.
- La lumière peut être caractérisée par une longueur d'onde ou une **fréquence**. La **lumière visible** est comprise entre les **infrarouges** et les **ultraviolets.**

b. Les signaux sonores

- Un **son** est une vibration qui se propage. Il est caractérisé par une **vitesse de propagation**, une **fréquence** (en Hz) et une **amplitude**.
- Un son a besoin d'un **milieu matériel** pour se propager, il ne se propage pas dans le vide.
- Dans l'air, la **vitesse du son** est v = 340 m/s. Cette vitesse dépend du milieu matériel.
- L'oreille humaine est un récepteur sonore sensible à des sons de fréquences comprises entre 20 Hz et 20 kHz, domaine situé entre celui des **infrasons** et des **ultrasons**.

B L'information

- Un signal (sonore, lumineux, électrique) permet de **transmettre une information**.
- Un signal transmet une information entre un **émetteur** et un **récepteur**.
- Cette information est **nécessairement codée** (binaire, langues différentes, etc.).

FICHES DE SYNTHÈSE

Classification périodique des éléments

Numéro atomique → Z — X ← Symbole de l'élément — Nom

H 1 hydrogène																	He 2 hélium
Li 3 lithium	Be 4 béryllium											B 5 bore	C 6 carbone	N 7 azote	O 8 oxygène	F 9 fluor	Ne 10 néon
Na 11 sodium	Mg 12 magnésium											Al 13 aluminium	Si 14 silicium	P 15 phosphore	S 16 soufre	Cl 17 chlore	Ar 18 argon
K 19 potassium	Ca 20 calcium	Sc 21 scandium	Ti 22 titane	V 23 vanadium	Cr 24 chrome	Mn 25 manganèse	Fe 26 fer	Co 27 cobalt	Ni 28 nickel	Cu 29 cuivre	Zn 30 zinc	Ga 31 gallium	Ge 32 germanium	As 33 arsenic	Se 34 sélénium	Br 35 brome	Kr 36 krypton
Rb 37 rubidium	Sr 38 strontium	Y 39 yttrium	Zr 40 zirconium	Nb 41 niobium	Mo 42 molybdène	Tc 43 technétium	Ru 44 ruthénium	Rh 45 rhodium	Pd 46 palladium	Ag 47 argent	Cd 48 cadmium	In 49 indium	Sn 50 étain	Sb 51 antimoine	Te 52 tellure	I 53 iode	Xe 54 xénon
Cs 55 césium	Ba 56 baryum	L	Hf 72 hafnium	Ta 73 tantale	W 74 tungstène	Re 75 rhénium	Os 76 osmium	Ir 77 iridium	Pt 78 platine	Au 79 or	Hg 80 mercure	Tl 81 thallium	Pb 82 plomb	Bi 83 bismuth	Po 84 polonium	At 85 astate	Rn 86 radon
Fr 87 francium	Ra 88 radium	A	Rf 104 rutherfordium	Db 105 dubnium	Sg 106 seaborgium	Bh 107 bohrium	Hs 108 hassium	Mt 109 meitnerium	Ds 110 darmstadtium	Rg 111 roentgénium	Cn 112 copernicium	Nh 113 nihonium	Fl 114 flérovium	Mc 115 moscovium	Lv 116 livermorium	Ts 117 tennessine	Og 118 oganesson

L = Lanthanides : 57 à 71 **A = Actinides : 89 à 103**

D'après www.iupac.org

1. La planète Terre, l'environnement et l'action humaine

A La planète Terre

a. Les caractéristiques de la planète Terre

- La Terre est une **planète** constituée de roches (croûte et manteau) et de métaux (noyau) qui gravite autour d'une étoile, le Soleil.
- La **formation de la Terre** et les réactions nucléaires qui ont lieu dans son manteau et son noyau produisent de l'énergie thermique libérée par la surface de la Terre et responsable du déplacement des **plaques lithosphériques**.

b. L'histoire de la Terre

- La formation de la Terre a eu lieu il y a **4,55 milliards d'années**.
- Les plus anciens fossiles connus qui témoignent de la vie sur Terre datent de **3,8 milliards d'années**.
- Les **temps géologiques** sont découpés en ères. Ces ères sont séparées par des événements planétaires qui ont provoqué des **extinctions massives** d'espèces.

Vocabulaire

Plaque lithosphérique : Ensemble solide et rigide formé de roches de la croûte et d'une partie de roches du manteau.

B L'environnement et l'action humaine

a. L'influence de l'Homme sur le climat

- Les **zones climatiques** actuelles (polaires, tempérées et tropicales) n'ont pas toujours existé au cours des temps géologiques.
- Depuis 50 ans, les **activités humaines** modifient le climat de la Terre en raison des rejets de **gaz à effet de serre,** comme le dioxyde de carbone.
- Depuis 20 ans, de nombreux gouvernements tentent de prendre des mesures pour **réduire l'influence de l'Homme sur le climat**.

b. L'Homme face aux risques naturels et technologiques

- Des millions d'êtres humains vivent dans des **zones à risques naturels** (séismes, volcans, inondations...) ou technologiques (centrales nucléaires, usines chimiques...).
- Des mesures de **prévention**, de protection et d'atténuation de ces risques sont mises en place lorsque cela est possible.

c. La gestion des ressources naturelles par l'Homme

- L'Homme exploite les **ressources naturelles** de la planète pour couvrir ses besoins (alimentation, énergie, habitat) et ces ressources sont souvent **limitées**.
- Pour permettre un **développement durable** de l'humanité sur Terre, les ressources doivent être préservées et parfois restaurées.

2. Organisation et fonctionnement des êtres vivants

A La nutrition des êtres vivants

a. Nutrition des animaux

- Tous les animaux sont constitués d'appareils qui coopèrent entre eux pour assurer le **fonctionnement** de l'organisme. Ces appareils sont faits d'**organes**, constitués de différents **tissus**, eux-mêmes faits de **cellules**.
- Toutes les cellules de l'organisme sont approvisionnées par un **système circulatoire** contenant un liquide nutritif.
- Chez les animaux, le tube digestif contient des microbes qui facilitent la **digestion** et protègent l'organisme contre des infections.

b. Nutrition des végétaux

- De nombreux végétaux présentent des **organes différenciés** : des feuilles, des tiges et des racines, et chaque organe a un rôle précis.

- Les **feuilles** élaborent la matière organique dont le végétal a besoin à partir de l'eau et du dioxyde de carbone en convertissant l'énergie solaire.
- Les **racines** absorbent l'eau et les sels minéraux dont le végétal a besoin.
- Les **tiges** contiennent des systèmes conducteurs des sèves pour acheminer la matière organique des feuilles aux racines et l'eau minéralisée des racines aux feuilles.

B Reproduction sexuée et diversité génétique

a. Des gamètes chez les animaux et les végétaux

- Les animaux et les végétaux produisent des cellules sexuelles spécialisées : les **gamètes**.
- Chez les animaux, les gamètes sont situés dans les **testicules** (spermatozoïdes) ou les **ovaires** (ovules). Chez les plantes à fleurs, les gamètes sont situés dans les **étamines** (spermatozoïdes) et dans le **pistil** (ovules).

b. Diversité génétique des gamètes

- Chaque gamète contient la moitié du **patrimoine génétique** de l'individu qui l'a produit : un **chromosome** de chaque paire. Dans un gamète, la répartition des chromosomes se fait au **hasard** pour chacune des paires. Donc, chaque individu produit des millions de gamètes **différents**.

c. Fécondation et loterie génétique

- Au moment de la **fécondation**, un spermatozoïde parmi tous ceux qui ont été produits fusionne, au hasard, avec un ovule parmi tous ceux qui ont été produits.
- La cellule œuf issue de la fécondation est **génétiquement originale**. La moitié de ses chromosomes sont d'origine maternelle et l'autre moitié sont d'origine paternelle.
- La fécondation augmente la **diversité génétique** en combinant les chromosomes des gamètes.

3. Diversité, parenté et évolution des êtres vivants

A La biodiversité

- Elle désigne les différentes espèces dans un endroit donné et la diversité des écosystèmes.
- La mesure de la biodiversité repose sur un inventaire des différentes espèces identifiées.

B Diversité des individus

a. Des caractères et des gènes

- Le **phénotype** est l'ensemble des caractères observables ou détectables d'un individu.
- Le **génotype** est l'ensemble des gènes d'un individu.

b. Le phénotype dépend du génotype

- Un gène se présente souvent sous plusieurs versions différentes : les **allèles**. Chaque gène est présent en deux exemplaires dans le noyau des cellules.
- La combinaison des allèles d'un individu (le génotype) explique les **caractères** qu'il manifeste (le phénotype).

C L'évolution biologique

a. Diversité des individus et hasard

- Les gènes subissent des changements qui peuvent modifier leur action : ce sont des **mutations**.
- Les mutations sont des phénomènes **rares**, qui sont responsables de l'existence des allèles.

b. La sélection naturelle

- Dans une population donnée, les individus présentent des **variations individuelles** des caractères spécifiques, car ils ont des allèles différents.
- Dans un environnement donné, certains allèles donnent un **avantage** et d'autres non.
- Les individus avantagés dans une population survivent mieux que les autres, ils se reproduisent davantage que le reste de la population : c'est la **sélection naturelle**.

À savoir

Sans allèles, pas de diversité ! Nous serions tous identiques : une population de clones.

D Les relations de parenté entre les êtres vivants

a. Tous différents, tous parents

- Toutes les espèces vivantes **partagent des caractères** qui révèlent leur **parenté** et l'existence d'ancêtres communs.

b. La place de l'Homme dans l'évolution du vivant

- L'espèce humaine possède des caractères qui permettent de la classer dans le groupe des **vertébrés**, des **mammifères**, des **primates** et, encore plus précisément, des **hominidés**.
- Les hominidés constituent un groupe d'espèces de primates qui pratiquent la **bipédie** de manière occasionnelle ou permanente : on y retrouve les gorilles, les chimpanzés et les humains.

4. Corps humain et santé

A Activité physique et fonctionnement cérébral

a. La commande du mouvement par le cerveau

- Le **cerveau** comporte des milliards de **neurones** connectés entre eux.
- Des zones spécialisées du cerveau traitent l'ensemble des informations reçues et communiquent entre elles. D'autres zones émettent des commandes vers les **muscles**.
- Les messages nerveux **moteurs** sont transmis par des nerfs depuis les centres nerveux jusqu'aux muscles.
- Les messages nerveux sont de nature **électrique** (le long des fibres nerveuses) et **chimique** (entre deux cellules nerveuses).

Remarque
Le cerveau ne contrôle pas tout. La marche, par exemple, est contrôlée par la moelle épinière

b. Hygiène de vie et fonctionnement cérébral

- Pour bien fonctionner, le cerveau nécessite une **alimentation équilibrée**, une **activité physique régulière** et des **phases de repos** suffisantes.
- De nombreuses substances chimiques perturbent la transmission des messages chimiques entre les cellules nerveuses : ce sont des **psychotropes** (alcool, tabac, cannabis, certains médicaments).

B Protection de l'organisme

a. Les défenses immunitaires

- Les lymphocytes B produisent des **anticorps** qui adhèrent en grand nombre sur les microbes, ce qui les empêche de se reproduire.
- Les **phagocytes** ingèrent les microbes reconnus par les anticorps et les détruisent.
- Les lymphocytes T s'accrochent aux cellules infectées par les microbes et les détruisent.

b. La vaccination

- La vaccination permet de d'améliorer les **défenses immunitaires** vis-à-vis d'un ou plusieurs microbes spécifiques. Se vacciner, c'est se protéger et protéger les autres.

C La procréation humaine

a. Contrôle hormonal des organes reproducteurs

- Chez l'homme, la production de la **testostérone** est continue et elle stimule la production de spermatozoïdes tout au long de la vie.
- Chez la femme, la production de **progestérone** et d'**œstradiol** est cyclique et baisse fortement à la ménopause. Elle stimule la libération d'un ovule par mois et la préparation de de l'utérus à une éventuelle implantation d'**embryon**.

b. La contraception

- Des dispositifs chimiques et/ou mécaniques permettent aux couples de choisir d'avoir ou non des enfants.

À savoir
Seul le préservatif empêche la transmission des **infections sexuellement transmissibles.**

1. Design, innovation et créativité

A Imaginer des solutions

- Un objet technique répond à un **besoin** exprimé par l'Homme.
- Lors de la **fabrication** de cet objet, il faut respecter des contraintes et des **normes**.
- Lors de la **conception**, toutes les attentes du client sont mentionnées dans le **cahier des charges**.
- Afin de développer un nouvel objet, il est nécessaire de s'organiser et de répartir les tâches en fonction des intervenants.
- Des **outils numériques de présentation** permettent d'organiser le déroulement (Gantt, diagramme Pert) d'un projet et l'ordre de montage (gamme de montage) ou d'exprimer la pensée (**cartes heuristiques**).
- Les utilisateurs étant sensibles au **design** des objets, il est nécessaire de leurs donner une apparence la plus esthétique possible.
- Les objets sont **créés et modifiés** en fonction des évolutions (matériau, énergie, design...).
- La **veille technologique** consiste à se maintenir au courant des évolutions pouvant être intégrées aux futurs objets techniques.
- Les **objets connectés** sont des systèmes électroniques pouvant partager des informations par l'intermédiaire d'un réseau.
- Lors de l'enregistrement d'un fichier, il est nécessaire de le « ranger » à un endroit bien précis sur l'espace de stockage. Il est donc indispensable de connaître **l'arborescence**.
- Lors de la **présentation informatique de documents**, on utilise des logiciels de présentation assistée par ordinateur, des cartes heuristiques et de la modélisation en 3D.

B Réaliser un prototype

- Lors de la réalisation d'un objet technique, il est nécessaire de fabriquer un **prototype** pour valider les solutions imposées par le cahier des charges fonctionnelles.

Vocabulaire

Prototype : premier exemplaire d'un objet sur lequel une série de tests sera effectuée.

2. Objets techniques, services et changements induits dans la société

A Évolutions des objets et systèmes

- Les **objets évoluent** en fonctions de nombreux facteurs.
- La fabrication des objets techniques a un **impact sur la société et sur l'environnement**.
- Le **nombre de produits vendus évolue au cours du temps** en fonction de nombreux critères.
- L'utilisation des objets connectés nécessite de prendre des **précautions** et impose des **règles** à respecter.

B Description d'un objet technique

- Il est nécessaire de définir une **charte graphique** dans laquelle sont mentionnées les règles pour la présentation visuelle du projet.
- Pour présenter ses idées et solutions envisagées, on réalise des **croquis**, qui sont des dessins à main levée, ou bien des **schémas**, qui sont des représentations normalisées. Pour des systèmes automatisés, on réalisera un **algorithme**.
- Les **outils numériques de description** permettent de représenter les objets techniques en 3 dimensions.

3. Modélisation et simulation des objets et systèmes techniques

A Fonctionnement et structure d'un objet

a. Fonctionnement

- Une **procédure** est un document décrivant la suite logique pour réaliser correctement un travail.
- Un **protocole** est un ensemble de règles à respecter pour obtenir des résultats en accord avec les attentes.
- L'**ergonomie** est étudiée afin d'adapter les conditions de travail pour veiller au bien-être des travailleurs.
- L'**analyse fonctionnelle systémique** explique le fonctionnement des différentes parties d'un objet technique en mettant en relation les fonctions techniques et les solutions techniques.
- La **représentation fonctionnelle** permet de représenter sous forme schématique le fonctionnement d'un objet technique ou d'un système en détaillant les relations entre la chaîne d'information et la chaîne d'énergie.

b. Structure

- La **structure** des systèmes liste les relations entre l'utilisateur, la partie commande et la partie opérative.
- Une **chaîne d'énergie** est constituée de l'ensemble des composants réalisant l'alimentation, la distribution, la conversion et la transmission de l'énergie.
- Une **chaîne d'informations** est constituée de l'ensemble des composants qui réalisent l'acquisition, le traitement et la communication de l'information.
- Les matériaux utilisés sont classés en plusieurs familles et il est important de connaître leurs **caractéristiques** lors de la réalisation d'un objet technique.
- Les **sources d'énergie** sont diverses et peuvent être renouvelables ou non-renouvelables.
- Les outils de description d'un fonctionnement, d'une structure et d'un comportement permettent de **tester informatiquement** le fonctionnement d'un futur objet.

c. Instruments de mesures et signaux

- Les **instruments de mesure usuels** sont variés et permettent de mesurer des grandeurs diverses.
- Un **capteur** acquiert une grandeur physique (température, vitesse...).
- Un **codeur** va transformer une mesure de déplacement en signaux numériques.
- Un **détecteur** va donner un signal numérique composé de 0 et de 1.
- Un **signal analogique** peut prendre un grand nombre de valeurs.

B Modélisation et simulation du comportement d'un objet

- Les **outils de description d'un fonctionnement**, d'une structure et d'un comportement permettent de tester informatiquement le fonctionnement d'un futur objet.
- Afin de vérifier qu'un objet technique répond aux attentes des acheteurs, il est nécessaire d'effectuer des **tests**, qui peuvent dévoiler des écarts avec les prévisions.

4. Informatique et programmation

A Réseau informatique

- Un **réseau** est un ensemble d'équipements informatiques connectés entre eux ayant la possibilité d'échanger **des informations**.
- Ces connexions peuvent être réalisés par des moyens **matériels** (câbles Ethernet, fibre optique...) ou **immatériels** (Wifi, Bluetooth...)
- En informatique, un **protocole** est un ensemble de règles fixées afin que plusieurs machines puissent communiquer.
- **Internet** est un immense réseau interconnectant des milliards d'utilisateurs.

B La programmation

• Pour commander un système, il est nécessaire d'écrire un **algorithme** en utilisant un **langage compréhensible** par tous, puis de construire une représentation graphique de l'algorithme sur informatique, qui sera traduit en programme compréhensible par le système.

• Lors de la réalisation de ce programme, il sera nécessaire d'utiliser des **variables informatiques** pouvant être fixes ou dynamiques.

• Un programme peut en partie ou totalement être répété à l'aide des **boucles** et évoluer en fonction des évènements détectés.

• Un système embarqué est **autonome** et réalise des tâches définies par le programmeur.

• Les **capteurs** transmettent deux types de signaux : **numérique** lorsqu'il ne peut prendre que deux valeurs (le 0 et le 1, par exemple une porte qui ne peut être qu'ouverte ou fermée), **analogique** lorsqu'il peut prendre de nombreuses valeurs (vitesse, température...).

• Un **actionneur** transforme l'énergie d'entrée en action (moteur, sonnerie...)

• L'**interface programmée** reçoit des informations des **capteurs** et donne des ordres aux **actionneurs**.

Vocabulaire

Algorithme : Succession d'opérations et d'instructions permettant la réalisation d'une tâche ou d'un problème.

Crédits photographiques

p. 108 © BillionPhotos.com / Fotolia.com p. 122 ©NASA/JPL-Caltech/MSSS

Responsable éditoriale : Raphaëlle Mourey
Édition : Frédéric Gomariz, Susana Pizarro, Julie Langlais
Cartes et schémas : Corédoc, Légendes Cartographie
Conception graphique intérieur et couverture : Julie Lannes
Composition : Linéale

N° projet : 10260742 - Dépôt légal : mars 2018
Imprimé en France en décembre 2019 par Estimprim - 25110 Autechaux